もくじと学しゅうのきろく

本書に関する最新情報は，当社ホームページにある**本書の「サポート情報」**をご覧ください。(開設していない場合もございます。)

1 ひらがなを よむ ①

学習のねらい

ひらがなには、字の形の似たものや読み方の同じものがあります。まず一字一字を正しく読めるようにしましょう。そして、言葉や文として読めるようにします。

月　日

こたえ⬇べっさつ1ページ

ステップ1

1 ことばと えを ——で むすびましょう。

あり　・

あひる　・

えほん　・

えき　・

うみ　・

2 ただしい ほうに ○を つけましょう。

みん{た・な}で やまに のぼりました。とちゅうで た{め・ぬ}きを みかけました。{ち・ら}ょっと びっくりしました。

やまの ちょうじょうで、おにぎ{い・り}を たべました。

3 つぎの 「あいうえおの うた」を こえに だして よんで みましょう。

あさがお　あおいよ　あいうえお
からすが　かあかあ　かきくけこ
さくらが　さいたよ　さしすせそ
たいやき　たべよう　たちつてと
なみだが　ながれて　なにぬねの
はだしで　はまべを　はひふへほ
まいにち　まりつき　まみむめも
やしから　やしのみ　やいゆえよ
らくだで　らくらく　らりるれろ
わんわん　わんこが　わいうえを

---

4 ただしい ほうに ○を つけましょう。

せんせいと す{も／ま}うを とりました。

ゆうきくんが ま{は／け}ました。

さいごに みんなで せんせいを {あ／お}しました。

{よ／み}いしょっ。

STEP 2

ステップ2

月　日

こたえ➡べっさつ1ページ

じかん 20ぷん
ごうかく 80てん
とくてん　　てん

シール

1 うえと おなじ ことばを 〇で かこみましょう。（9てん／一つ3てん）

とら〔とろ・とる・とら・とち〕

つめ〔つあ・つめ・つね・つぬ〕

こま〔こき・こも・こよ・こま〕

2 ただしい ほうに 〇を つけましょう。（10てん／一つ5てん）

(1)
〔　〕たいいくで はしった。
〔　〕たいくで はしった。

(2)
〔　〕やまへ いこう。
〔　〕やまへ いにう。

3 ことばと えを ——で むすびましょう。（16てん／一つ4てん）

(1)  ・

(2)  ・

(3)  ・

(4)  ・

・ たこ

・ きりん

・ きつね

・ とまと

4 ただしい ほうに 〇を つけましょう。（10てん／一つ5てん）

(1) おはようござ｛い／こ｝ます。

(2) どうぞ よ｛る／ろ｝しく。

5 つぎの ことばと えを ——で むすんで、しりとりを しましょう。⇩の えから はじめます。（10てん）

⇩

まり	つくし	ごりら

たいせつ

6 「お」の じに ○を つけましょう。（18てん／一つ3てん）

えがお　はやおき

あさがお　おかあさん

とおい　おうさま

たいせつ

7 「た・ち・つ・て・と」の じに ○を つけましょう。（12てん／一つ2てん）

つみき　しいたけ

たいこ　あかとんぼ

てぶくろ　おもち

8 まちがって いる じに ×を つけましょう。（15てん／一つ3てん）

(1) ふうせくを とばしました。

(2) おにぎいを たべました。

(3) てつぼうで きかあがりを します。

(4) すなおそびを しました。

(5) なかしばなしを よみました。

2 ひらがなを よむ ②

学習のねらい

清音の字に加えて、濁音や半濁音の字も正しく読めるようにします。「゛」や「゜」がつくと、清音の字の音がどのように変化するのかに注意します。

月　日

こたえ⬇べっさつ1ページ

ステップ1

1 ただしい ほうに ○を つけましょう。

(1) ［つ／う］んどうじょうは、たい［て／へ］ん ひろい。

(2) おま［つ／づ］りで、［れ／わ］たがしを たべた。

(3) おおきな［り／こ］えを だす。

2 うえから よんでも ひだりから よんでも ことばに なって います。よんで みましょう。

(1) ぶどう／ずこう

(2) がっこう／ねこ

(3) すずめ／かめ

(4) おもい／かるい

(5) はなび／なすび

(6) いるか／しか

(7) さくら／らっぱ

(8) あやとり／やきいも

3 「゛」や「゜」がたりないじに、○をつけましょう。

(1) けんかんまで かいたんを のぼらないと いけません。

(2) ゆうひんきょくに てかみを だしに いきました。

(3) おちた はっはを あつめて、たきひを しました。

(4) たいくさんが やねに のほって、あまもりを なおしました。

(5) そうきんがけを して、ゆかをひかひかに しました。

---

4 つぎの ぶんで、いみが わかるように くぎって ある ものに、○を つけましょう。

(1) すもももももものうち。

〔　〕す もももも もものうち。

〔　〕すも もも もものうち。

〔　〕すももも もものうち。

(2) にわにはにわとりがにわいた。

〔　〕に わには にわとりが にわいた。

〔　〕にわには にわとりが にわいた。

〔　〕にわに はにわ とりが にわいた。

ステップ2

STEP 2

月　日

こたえ⬇べっさつ2ページ

じかん 20ぷん
ごうかく 80てん
とくてん　てん

シール

1 ただしい ほうに ○を つけましょう。（20てん／一つ4てん）

(1) ［　］めがね　［　］ぬがね

(2) ［　］はうき　［　］ほうき

(3) ［　］わし　［　］れし

(4) ［　］はんだま　［　］けんだま

(5) ［　］らくわ　［　］ちくわ

2 えの ことばに なるように、「゛」を つけましょう。（20てん／一つ5てん）

かき

さる

すすめ

かは

3 「゛」や「゜」が たりない じに、○を つけましょう。（12てん／一つ6てん）

(1) ほくは かっこうまで してんしゃで いきます。

(2) よそらに ひかっと なにかか ひかるのを みました。

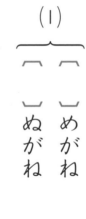

4 ことばに あう えを ―― で むすびましょう。（16てん／一つ4てん）

(1)
- かさ ・
- かき ・
- かに ・

・ 

(2)
- くし ・
- くつ ・
- くり ・

・ 

(3)
- すみね ・
- すすき ・
- すみれ ・

・ 

(4)
- うさぎ ・
- うなぎ ・
- つさぎ ・

・ 

5 つぎの ぶんの なかで、まちがって いる じに ×を つけましょう。（32てん／一つ8てん）

(1) どうろに きゅうに どびだす のは、とても あふない。

(2) おとろさんと きかなを つりに でかけた。

(3) ほくは おもちゃを かって もらっだ。

(4) しゃぼんだもを とばして、あろんだ。

3 ひらがなを かく ①

学習《がくしゅう》のねらい

ひらがなは、字の形とともに、筆順も誤りやすいので、正確に覚えるようにしましょう。特に、左右が逆の字にならないように注意します。

月　　日

こたえ⬇べっさつ2ページ

ステップ1

1 □に あてはまる じを かきましょう。

(1) たつやくんは はしるのが は□い。

(2) がっこうで がようしに えを □いた。

(3) ほらあなの おくへ すす□と、たからものが みつかった。

2 えを みて、□に あてはまる じを かきましょう。

(1) か　か　か

(2)

り　り　り

(3) は　は　は

(4)

き　き　き

3 えを　みて、まちがって　いる　じに　○を　つけ、ただしく　かきなおしましょう。

いめ　□

わこ　□

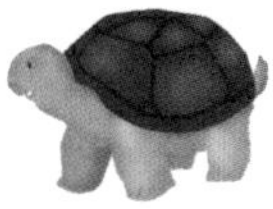

かぬ　□

はを　□

にこ　□

れに　□

めめ　□

あい　□

しくし　□

うん　□

4 ひつじゅんの　ただしい　ほうに　○を　つけましょう。

ふ
（　）丶　丶丶　ふ　ふ
（　）丶　ふ　ふ　ふ

せ
（　）一　十　せ
（　）丨　十　せ

な
（　）一　ナ　ナ丶　な
（　）ノ　ナ　ナ丶　な

ま
（　）亅　ま　ま
（　）一　二　ま

た
（　）一　ナ　た　た
（　）一　こ　た　た

さ
（　）丶　ナ　さ
（　）一　ナ　さ

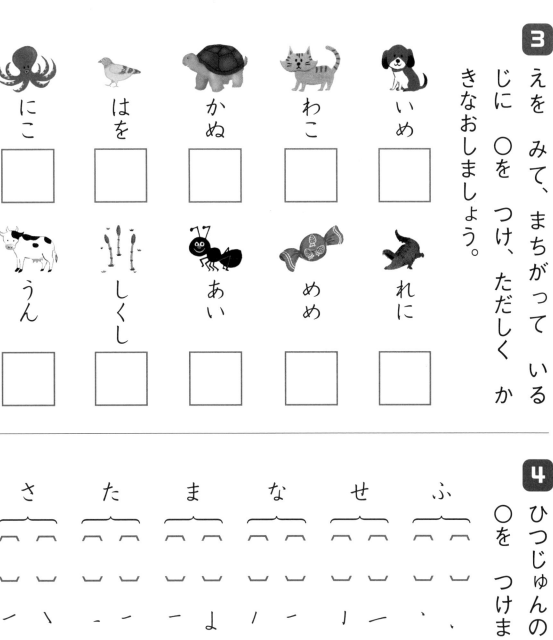

STEP 2

ステップ2

月　日

こたえ⬇べっさつ2ページ

じかん 20ぷん
ごうかく 80てん
とくてん　　てん

シール

1 えを みて、なまえを かきましょう。（12てん／一つ4てん）

(1)  □□

(2)  □□□□

(3)  □□□□

2 □に あてはまる ことばを かきましょう。（12てん／一つ4てん）

(1) みずを □□。

(2) とりが □□。

(3) くるまが □□□。

3 はじめに、「あ」「か」の つく ことばを ふたつずつ かきましょう。（12てん／一つ3てん）

「あ」 □ □

「か」 □ □

4 うえの じを くみあわせた にじの ことばを よっつ かきましょう。（おなじ じを なんかい つかっても かまいません。）（20てん／一つ5てん）

あ　ま　え
り　つ　の
し　め　こ

□ □ □ □

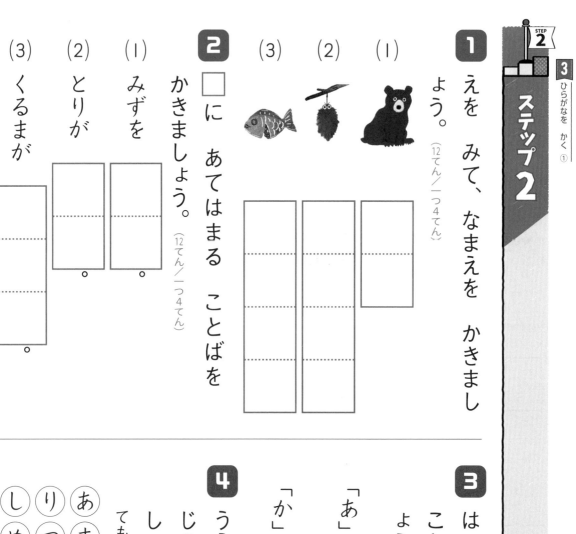

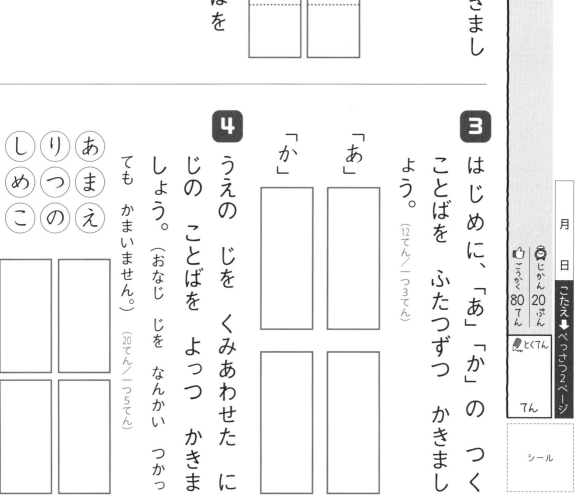

5 しりとりに なるように、〔　〕に ことばを かきましょう。(15てん／一つ3てん)

(1) かめ・→〔　　〕

(2) きつね・→〔　　〕

(3) つくえ・→〔　　〕

(4) いす・→〔　　〕

(5) ごりら・→〔　　〕

6 □に あてはまる じを かきましょう。(15てん／一つ3てん)

(1) やまに □ ぼる。

(2) ほんを □ む。

(3) で □ しゃに のる。

(4) みずの なかに はい □。

(5) □ して たべる。

7 やじるしの ところは、なんばんめに かきますか。○に ばんごうを かきましょう。(14てん／一つ2てん)

は ○　　や ○　　た ○

ほ ○　　い ○　　さ ○

も ○

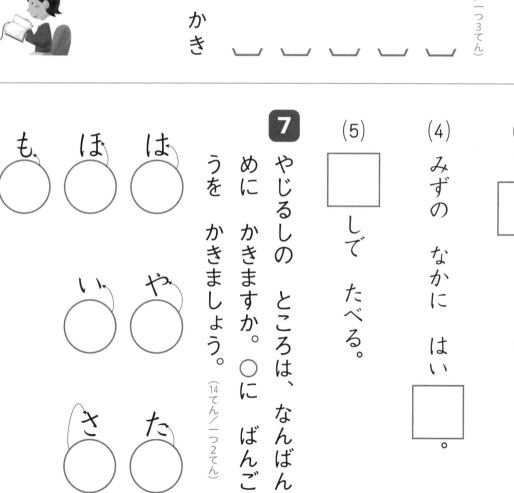

4 ひらがなを かく ②

学習のねらい

濁音・半濁音のひらがなを書きます。繰り返し書いて、「゛」や「゜」のつく位置を正しく覚えるようにしましょう。

月　日

こたえ⬇べっさつ3ページ

ステップ1

1 やじるしの ところは、なんばんめに かきますか。○に ばんごうを かきましょう。

が ○　ぱ ○　き ○　を ○

も ○　じ ○　と ○　ゆ ○

ぬ ○　む ○　だ ○　ご ○

2 えを みて、□に あてはまる じを かきましょう。

か□

な□

こ□

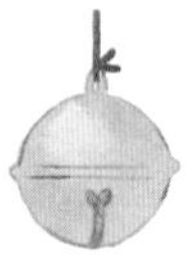

す□

ね□

ま□

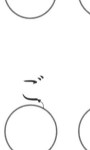

3 □に あてはまる じを かきましょう。

が	ぎ	□	げ	ご
ざ	□	ず	□	ぞ
だ	ぢ	づ	□	ど
ば	び	□	べ	□
□	ぴ	□	ぺ	ぽ

4 つぎの じを、うえに ならって ていねいに かきましょう。

な	ふ	む	ゆ

5 じぶんの なまえを、ていねいに にかい かきましょう。

ステップ2

1 えを みて、□に あてはまる じを かきましょう。（30てん／一つ3てん）

おち□

おり□み

め□か

□うきん

いち□

みか□き

うな□

□うし

□しん

はな□

2 えを みて、なまえを かきましょう。（30てん／一つ5てん）

月　日

じかん 25ふん
ごうかく 80てん
とくてん　　てん

こたえ⬇べっさつ3ページ

シール

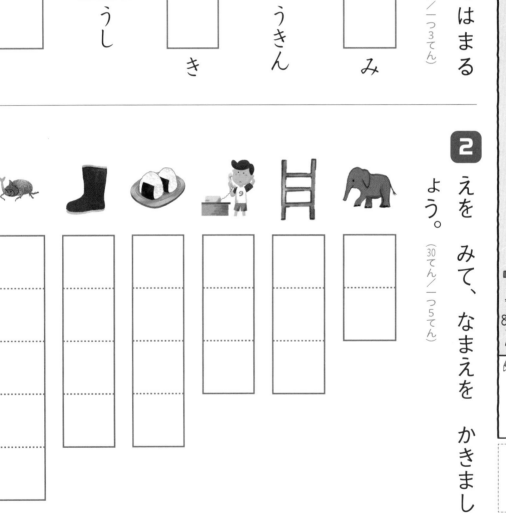

3 しりとりに なるように、□に あてはまる じを かきましょう。（24てん／一つ2てん）

えんぴ□―□くえ―□き

―□つね―ねん□―□ん

ぐり―りん□―□りら―ら

く□―□んご―ごま―まち―

ちく□―□に―にじ

4 まちがって いる じを、ただしく かきなおしましょう。（16てん／一つ2てん）

はな〔　　〕

たき〔　　〕

びん〔　　〕

やま〔　　〕

すず〔　　〕

しか〔　　〕

さる〔　　〕

とら〔　　〕

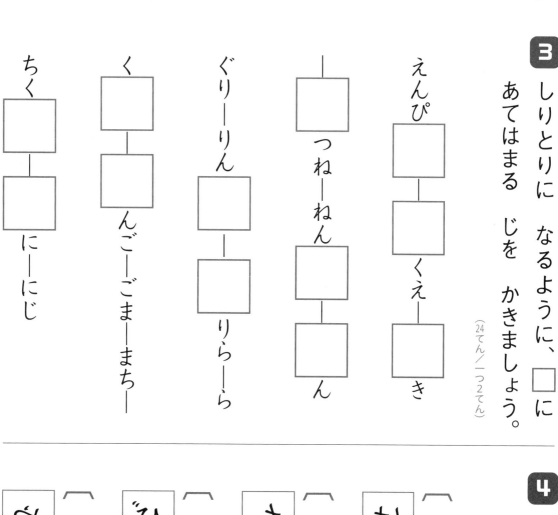

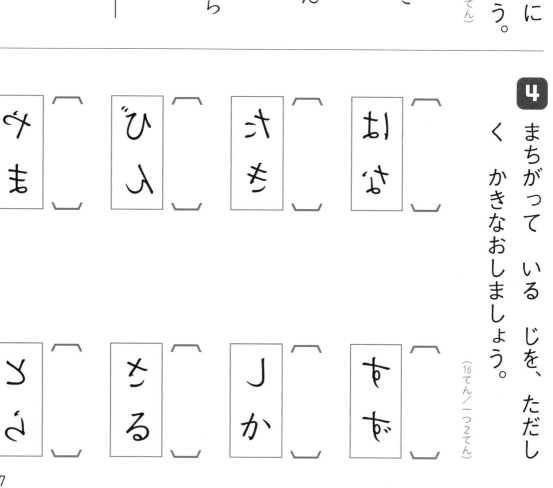

STEP 3

ステップ3

1～4

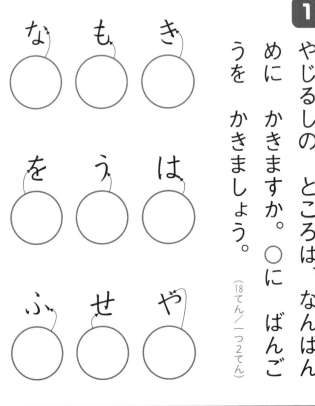

1

やじるしの　ところは、なんばん めに　かきますか。○に　ばんごうを　かきましょう。（18てん／一つ2てん）

き　は　や

も　う　せ

な　を　ふ

2

はじめに「ね」の　つく　ことばを　ふたつ　かきましょう。（10てん／一つ5てん）

3

□から「゛」を　つけられる　じを　ふたつずつ　みつけ、「゛」を　つけて　〔　〕に　かきましょう。（24てん／一つ4てん）

(1) すいとおの　〔　　〕〔　　〕

(2) そうきやえ　〔　　〕〔　　〕

(3) わひへみな　〔　　〕〔　　〕

(4) ぬつらてむ　〔　　〕〔　　〕

(5) かにめふり　〔　　〕〔　　〕

(6) えさるほね　〔　　〕〔　　〕

月　日

こたえ➡べっさつ3ページ

じかん 25ふん

ごうかく 70てん

とくてん　てん

シール

4 つぎの ぶんに あう ひらがな いちじを ［　］から えらんで、〔　〕に かきましょう。（30てん／一つ5てん）

(1) おすしを つくるのに ごはんに いれる もの。〔　〕

(2) ものを みる はたらきを する からだの ぶぶん。〔　〕

(3) かゆいのに、てで かきにくい からだの ぶぶん。〔　〕

(4) さんぱつやで さっぱり できる。〔　〕

(5) すりむいて でて くる。〔　〕

(6) さされると かゆく なる。〔　〕

め・け・す・せ・ち・か

---

5 ——の じを ただしく かきなおしましょう。（18てん／一つ2てん）

(1) わたしは とようびが すきだ。〔　〕〔　〕

(2) しとうしゃが はしって いる。〔　〕

(3) いつも けんきだ。〔　〕

(4) ここは にっほんだ。〔　〕

(5) ほかほかと した はるの ひだった。〔　〕〔　〕

(6) こくこの へんきょう。〔　〕〔　〕

5 のばす おんの かきかた

学習のねらい
原則として、長音では、ア・イ・ウ・エ列は、それぞれその母音をつけ、オ列は「う」をつけます。ただし、エ・オ列は例外もあるので、注意します。

月　日

こたえ⬇べっさつ4ページ

ステップ1

1 えを みて、□に あてはまる じを かきましょう。

(1)
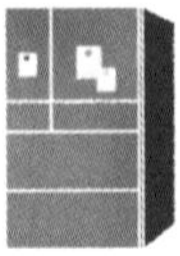
れ□ぞ□こ

(2)

こ□り

(3)

おばさんと
おば□さん

2 ただしい ほうを ○で かこみましょう。

(1) {おとおさん／おとうさん} が わらった。

(2) {いもおと／いもうと} と {こおえん／こうえん} へ いった。

(3) {おうきな／おおきな} {ぞう／ぞお} を みた。

(4) {こうろぎ／こおろぎ} を かって いる。

(5) あめを {とお／とう} ずつ くばる。

3 ただしい ほうを ○で かこみましょう。

(1) おかあさんが {おねいさん / おねえさん} に、「{ねえ / ねい}、おつかいに いって くれないかなあ。」と いいました。

(2) {せんせえ / せんせい}、あのね。

(3) きょうしつの {けえじばん / けいじばん}。

(4) げんきに {おはよう / おはよお} と いう。

---

4 □に あてはまる じを かきましょう。

きょうは がっこ□は おやすみです。とけ□を みると、も□ おひるでした。おひるごはんを たべて、すこし と□くの おみせに、おかしを かいに いきました。それから おじ□さんと え□がを みました。

STEP 2

5 のばす おんの かきかた

ステップ2

月　日

こたえ⇒べっさつ4ページ

じかん 25ふん
ごうかく 70てん
とくてん　　てん

シール

1 まちがって いる じを なおして、かきましょう。(25てん／一つ5てん)

(1) かきごうり ↓〔　〕

(2) こうそくどおろ ↓〔　〕

(3) おねいさんの ぼおし ↓〔　〕

(4) ほおきで おそおじ ↓〔　〕

(5) ぼおぼお もえる たきび ↓〔　〕

2 ただしい ことばと えを、――で むすびましょう。(15てん／一つ5てん)

(1)  ・

・おとおさん
・おとうさん
・おとーさん

(2)  ・

・おにさん
・おにいさん
・おにーさん

(3)  ・

・ぎゅーにゅー
・ぎゅうにゅう
・ぎゅおにゅお

たいせつ

3 ただしい ほうを ○で かこみましょう。（60てん／一つ4てん）

(1)〔とおい・とうい〕

(2)〔おはよう・おはよお〕

(3)〔かれい・かれえ〕

(4)〔おうむ・おおむ〕

(5)〔おうかみ・おおかみ〕

(6)〔とおだい・とうだい〕

(7)〔おとうと・おとおと〕

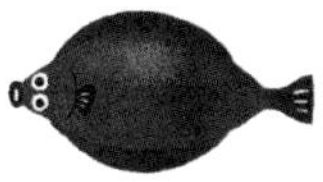

(8)〔ていねえ・ていねい〕

(9)〔あそぼお・あそぼう〕

(10)〔こうじ・こおじ〕

(11)〔へい・へえ〕

(12)〔とけえ・とけい〕

(13)〔せんせえ・せんせい〕

(14)〔えいが・ええが〕

(15)〔はっぴょう・はっぴょお〕

6 ちいさく かく じ

学習のねらい

拗音《ようおん》(きゃ・きゅ・きょ など)と促音《そくおん》(がっこう・あっち など)は、発音と表記が一致するよう注意しながら覚えていきます。

月　日

こたえ⬇べっさつ4ページ

ステップ1

1 □に あてはまる じを かきましょう。

び□くりばこを あけると、みんなは「き□あ。」と さけびました。

おもち□の にんぎ□うが でて きたのです。それも き□うに でて きたのです。

2 「つ」か「っ」を ただしく □に かきましょう。

(1) あさ、めざましが な□た。

(2) て□ぼうが とくいだ。

(3) ゆきが かなり □もった。

(4) ま□かな もみじの は。

(5) ち□とも わからなかった。

3 えを　みて、ただしい　ほうに　○を　つけましょう。

(1)
〔　〕いしや
〔　〕いしゃ

(2)
〔　〕おねえさんの　いく　びょういん。
〔　〕おねえさんの　いく　びよういん。

(3)
〔　〕おとうさんは　りようしです。
〔　〕おとうさんは　りょうしです。

4 ただしい　ほうを　○で　かこみましょう。

(1)
おちや
おちゃ

(2)
きつぷ
きっぷ

(3)
きゆうきゆうしや
きゅうきゅうしゃ

(4)
しようぼうしや
しょうぼうしゃ

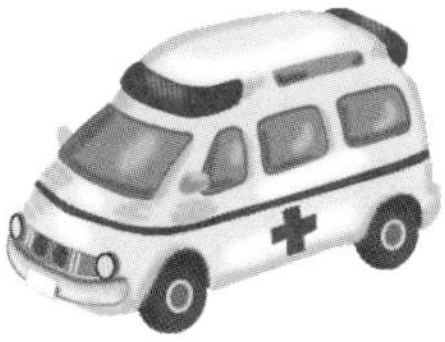

(5)
きんぎよ
きんぎょ

(6)
りよこう
りょこう

(7)
びょうき
びようき

(8)
もっきん
もつきん

(9)
くしゃみ
くしやみ

(10)
ひやつかてん
ひゃっかてん

月　日

こたえ⬇べっさつ5ページ

じかん 20ぷん
ごうかく 80てん
とくてん　てん

シール

1 えを　みて、なまえを　かきましょう。(20てん／一つ5てん)

(1)

(2)

(3)

(4)

2 まちがって　いる　じを　なおして、かきましょう。(30てん／一つ6てん)

(1) きゆうしよく

(2) ちゆうしや

(3) がつこう

(4) こんにやく

(5) しよつき

3 □に　あてはまる　じを、[　]から　えらんで　かきましょう。（20てん／一つ4てん）

(1) おき□くさんが　こられた。

(2) はがきに　き□てを　はる。

(3) し□くだいを　すませる。

(4) い□すんぼうしの　おはなし。

(5) はらっぱで　ち□うを　つかまえた。

[つ・や・ゆ・よ]

たいせつ

4 つぎの　ぶんの　なかで、まちがって　いる　じに　×を　つけ、よこに　ただしく　かきなおしましょう。（30てん／一つ5てん）

(1) いつしよに　かけつこを　する。

(2) なかょく　すわって　いる。

(3) きようしつに　つくえが　ある。

(4) どつこいしよと　ひつぱる。

(5) せつけんで　てを　あらう。

(6) こくごの　べんきようを　する。

7 「は」「へ」「を」

学習のねらい

「かな」には、「は」「へ」「を」のように誤って使いやすいものがあります。これらは、言葉をつなぎ、意味をそえる働きをします。正しく使えるようにしましょう。

月　日

こたえ⬇べっさつ5ページ

STEP 1 ステップ1

1 □に 「は」「へ」「を」の どれかを かきましょう。

(1) やま□ いって、おにぎり□ たべた。

(2) いもうと□ さんさいです。

(3) おおきな こえで へんじ□ しよう。

2 つぎの ことばの あとに つづけた とき、いみが とおる ものを ○で かこみましょう。

(1) でんしゃは
- はっしゃした。
- のって しまった。
- のりこんだ。

(2) でんしゃへ
- のりこんだ。
- はっしゃした。
- あそびまわった。

(3) でんしゃを
- はっしゃした。
- のって しまった。
- みおくった。

3 つぎの　ぶんの　なかで、まちがって　いる　じに　×を　つけ、よこに　ただしく　かきなおしましょう。

(1) わたしわ、をかしお　たべました。

(2) ゆうえんちえ　でかけました。

(3) ひまはりの　はなに　みずお　やりました。

(4) ほんお　みに　ほんやさんえ　いきました。

---

4 つぎの　ぶんの　なかで、ただしい　ものには　○を、まちがって　いる　ものには　×を　つけましょう。

(1) [　] いぬは　ねこお　おいかけました。

(2) [　] ぼくわ　ふくを　きました。

(3) [　] ぞうわ　はなで　みずを　そらえ　ふきあげました。

(4) [　] ちからたろうの　おはなしを　よみました。

(5) [　] わたしも、そらお　とんで　くもの　うえへ　いきたい。

(6) [　] きこりは、きを　きりました。

STEP 2

ステップ2

月　日

じかん 20ぷん

ごうかく 80てん

とくてん　てん

こたえ⬇べっさつ5ページ

シール

たいせつ

1 ただしい ほうに ○を つけましょう。（24てん／一つ3てん）

(1) ぼく｛わ・は｝いぬ｛を・お｝つれて、そと｛へ・え｝でました。

(2) ｛わ・は｝たしは か｛お・を｝｛を・お｝あらいました。

(3) おりがみ｛を・お｝｛お・を｝りました。

2 「お」か「を」を ただしく □ に かきましょう。（16てん／一つ4てん）

(1) □きゃくさん□ まちました。

(2) □たまじゃくし□ いけ で みつけました。

3 「わ」か「は」を ただしく □ に かきましょう。（16てん／一つ4てん）

(1) ぼく□、□なげを して あそびました。

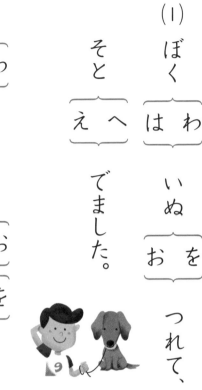

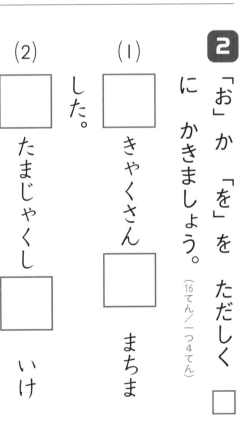

(2) となりの　に□に□、いけが　あります。

4 「え」か「へ」を　ただしく□に　かきましょう。（12てん／一つ3てん）

(1) あすは、やま□□んそくに　いきます。

(2) えき□むか□に　いきます。

5 つぎの　ぶんの　なかで、ただしい　ものには　○を、まちがって　いる　ものには　×を　つけましょう。（20てん／一つ5てん）

(1) 〔　〕それわ　わたしのです。

(2) 〔　〕わたしは、えを　かくのが　すきです。

(3) 〔　〕おとうさんが　おもちお　たべて　います。

(4) 〔　〕ぼくわ　がっこうえ　いきます。

---

6 つぎの　ぶんの　なかで、まちがって　いる　じに　×を　つけ、よこに　ただしく　かきなおしましょう。（12てん／一つ6てん）

(1) あさがをの　はなは、きれいだ。

(2) しゅうに　いちど　すいえいお　ならって　いる。

月　日

こたえ⬇べっさつ5ページ

じかん 25ふん
ごうかく 70てん

とくてん
てん

シール

1

ただしい ほうに ○を つけましょう。(20てん／一つ5てん)

(1) 〔　〕こうり　〔　〕こおり

(2) 〔　〕じょうず　〔　〕じようず

(3) 〔　〕みっつ　〔　〕みつつ

(4) 〔　〕かっぱ　〔　〕かつぱ

2

まちがって いる じに ×を つけましょう。(12てん／一つ4てん)

(1) あひるの あかちゃん

(2) おおだんほどうお わたります。

(3) おはよおございます。

3

□に「は」「へ」「を」の どれかを かきましょう。(9てん／一つ3てん)

(1) こねこ□ かわいい。

(2) ぼうし□ かぶる。

(3) うみ□ およぎに いく。

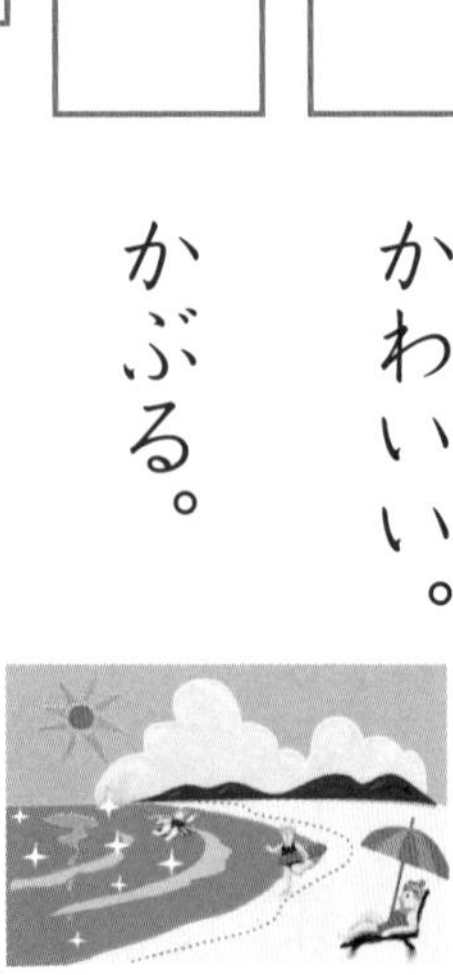

4

つぎの ぶんの なかで、まちがって いる じに ×を つけ、よこに ただしく かきなおしましょう。(15てん／一つ5てん)

(1) そらが きゆうに くもって きた。

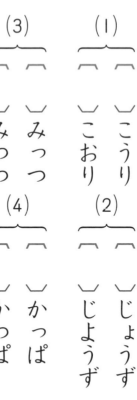

(2) いもむしが　はっぱを　たべる。

(3) うわぐつが、かたほう　ろおかに　をちて　いた。

5 ただしい　ほうに　○を　つけましょう。（28てん／一つ4てん）

(1) おばあさん｛わ・は｝、かわ｛え・へ｝せんたくに　いった。

(2) ｛わ・は｝たし｛わ・は｝、へや｛え・へ｝いって、ぬり｛へ・え｝｛を・お｝した。

---

6 □に「は」「へ」「を」の　どれかを　かきましょう。（16てん／一つ4てん）

すみやきの　おじいさん□、つえ□　もって　やまの　おく□　のぼって　いきました。

ゆきが、しんしんと　ふりつもって、はやしの　なか□、まっしろでした。

ときどき、えだに　つもった　ゆきが、どっと　じめんに　おちました。

8 かんじを よむ

学習のねらい

一年生で習う漢字は、八十字です。「人」（ひと・にん・じん）のように、音訓に複数の読み方を持つものも多くあります。これらに気をつけて、読めるようにします。

月　日

こたえ⬇べっさつ6ページ

ステップ1

1 ――の かずの よみかたを かきましょう。

(1) ねこが 三びき〔　〕 いる。

(2) えんぴつを 五ほん〔　〕 かう。

(3) みかんが 九こ〔　〕 ある。

(4) さらを 十まい〔　〕 ならべる。

2 したの よみに なるように、――で むすんで できた かんじを、□に かきましょう。

(1) 艹・　・丁　□　まち

(2) 田・　・交　□　こう

(3) ナ・　・十　□　はや（い）

(4) 木・　・化　□　はな

(5) 气・　・メ　□　き

(6) 日・　・工　□　ひだり

3 ——の かんじの よみかたを かきましょう。

(1) 大きな 石を ひろいあげる。

(2) 手を たたく。

(3) 草を かりとる。

(4) 目が かわいい 犬

(5) 赤ずきんの おはなし

(6) 犬を いえの 中に 入れる。

4 ——の かんじの よみかたを かきましょう。

(1) はなに 水を やる 水よう日《び》

(2) お金を はらう 金よう日

(3) 九月 お月見《み》 すすきの ほ

(4) 生きもの 大《だい》すき 小学《しょうがく》生

(5) いかの 足 足す たこの 足

ステップ2

月　日

こたえ➡べっさつ6ページ

じかん 20ぷん
ごうかく 80てん
とくてん　　てん

シール

1 ―の かんじの よみかたを かきましょう。（8てん／一つ2てん）

(1) 口を あける。〔　〕

(2) 早おきを する。〔　〕

(3) 七さいに なった。〔　〕

(4) 木を うえる。〔　〕

2 ―の かんじの よみかたを かきましょう。（20てん／一つ4てん）

(1) ぼくは 一年生だ。〔　〕

(2) 青い 水玉もよう〔　〕〔　〕

(3) 学校が 休みに なる。〔　〕〔　〕

3 ―の かんじの よみかたを かきましょう。（20てん／一つ4てん）

(1) 天気〔　〕

(2) 王さま〔　〕

(3) お正月〔　〕

(4) 先生〔　〕

(5) 竹とんぼ〔　〕

たいせつ

4 つぎの　かんじの　よみかたを　ふたとおり　かきましょう。（24てん／一つ4てん）

(1) 車

あ でん車が〔　　〕とおる。

い 車に〔　　〕のる。

(2) 空

あ とりが　空を〔　　〕とぶ。

い 空きちで〔　　〕あそぶ。

(3) 下

あ 下を〔　　〕のぞく。

い てんすうが　下がる。〔　　〕

5 〔　〕に　あてはまる　かんじを、□から　えらんで　かきましょう。（28てん／一つ4てん）

(1) け〔　　〕の〔　　〕ぶくろを　あんで　もらった。

(2) 〔　　〕で　みちに　まよった。

(3) うさぎの〔　　〕は　ながい。

(4) 〔　　〕を　ていねいに　かく。

(5) 〔　　〕だんの〔　　〕を　ほりかえす。

字・土・耳・手・花・森・糸

9 かんじを かく

学習のねらい

漢字は一字一字独自の意味を持っているので、それぞれの字の意味を十分に理解するようにします。また、字の形が似ている漢字同士を混同しないように注意します。

月　日

こたえ⬇べっさつ6ページ

ステップ1

1 かくれて いる かんじを かきましょう。

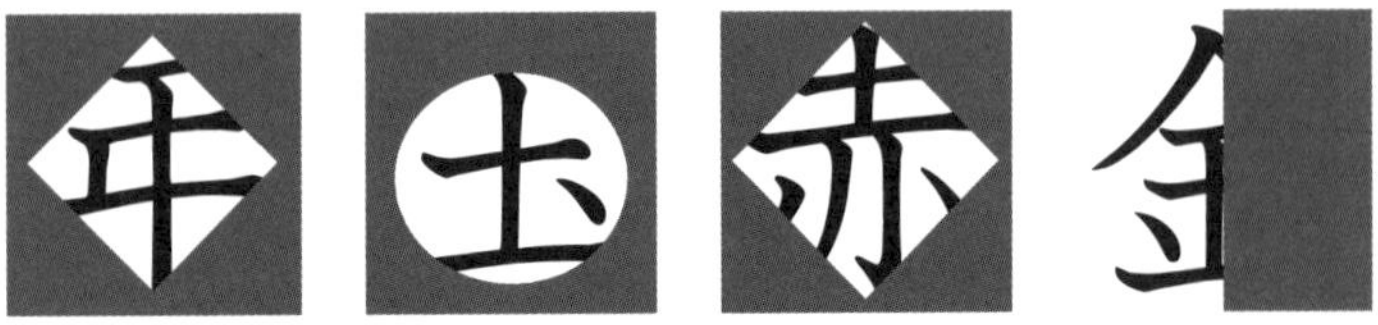

(1)〔　　〕

(2)〔　　〕

(3)〔　　〕

(4)〔　　〕

2 □に かんじを かきましょう。

(1) びんに □《みみ》を あてる。

(2) □《むし》を みつけた。

(3) □《あめ》が ふって いる。

(4) きれいな □□《はなび》を みた。

(5) みんなより □《さき》に すすむ。

3 ――の ことばを かんじと ひらがなで かきましょう。

(1) かぜで ならいごとを やすむ。〔　　〕

(2) ひとすじの けむりが たつ。〔　　〕

(3) ちいさな こどもは かわいい。〔　　〕

(4) かめは ながく いきる。〔　　〕

(5) すいどうの みずを だす。〔　　〕

(6) ただしい こたえを かく。〔　　〕

---

4 ――の まちがって いる かんじを、ただしく かきなおしましょう。

(1) やまの うえに いっぽんの 本が ある。〔　　〕

(2) 男んぼに なえを うえる。〔　　〕

(3) あれが わたしたちの 字校だ。〔　　〕

(4) ここからは 人れません。〔　　〕

ステップ2

月　日
じかん 20ぷん
ごうかく 80てん
とくてん　てん
こたえ⇒べっさつ7ページ
シール

1 □に かんじを かきましょう。(20てん／一つ4てん)

(1) うまれたばかりの □《ご》ひきの □□《こいぬ》。

(2) □《ちから》づよい うごき。

(3) □《しろ》い □《かい》を ひろった。

2 つぎの ことばを かんじで かきましょう。(16てん／一つ4てん)

(1) ゆうひ……□□

(2) あおぞら……□□

(3) てんき……□□

(4) ひゃくえん……□□

たいせつ

3 ——の ことばを、かんじと ひらがなで かきましょう。(20てん／一つ5てん)

(1) おおきな いわ　〔　　〕

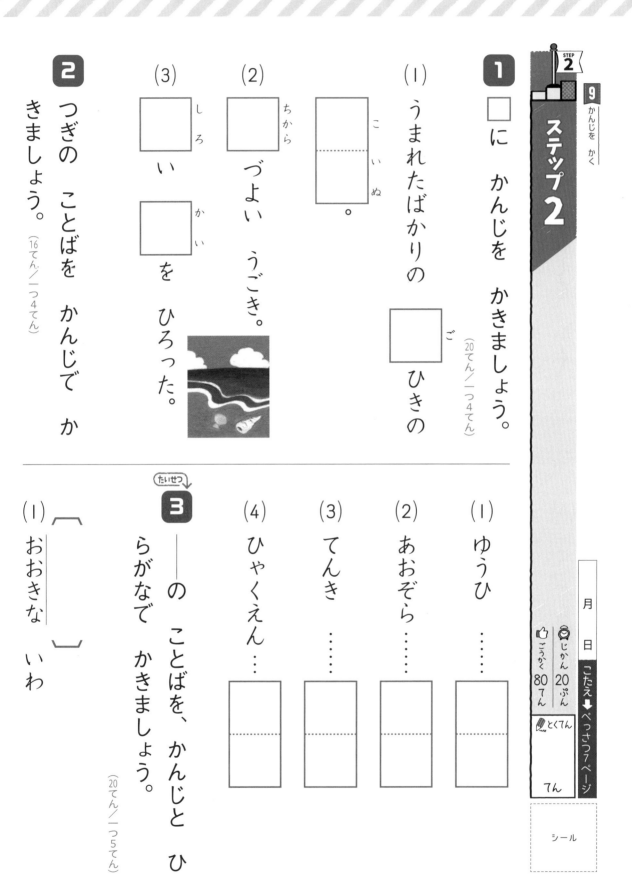

(2) こうまが うまれる。〔　　〕

(3) うみが みえる。〔　　〕

(4) あさ はやく おきた。〔　　〕

4 □に かんじを かきましょう。（24てん／一つ4てん）

(1) □《もり》を とおって、□《むら》まで いく。

(2) えきの □《でぐち》で まつ。

---

(3) □《くさ》とりを する。

(4) □《かわ》の □《みず》を くむ。

5 つぎの かんじと はんたいの いみの かんじを、□に かきましょう。（20てん／一つ5てん）

(1) 左 ↕ □

(2) 上 ↕ □

(3) 男 ↕ □

(4) 手 ↕ □

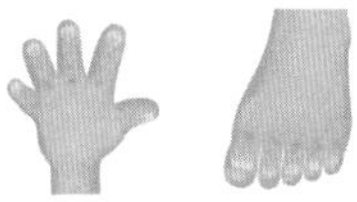

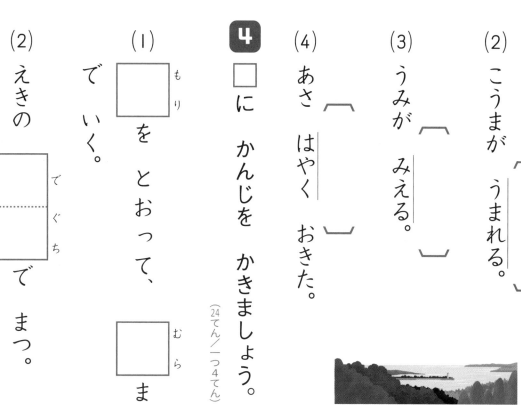

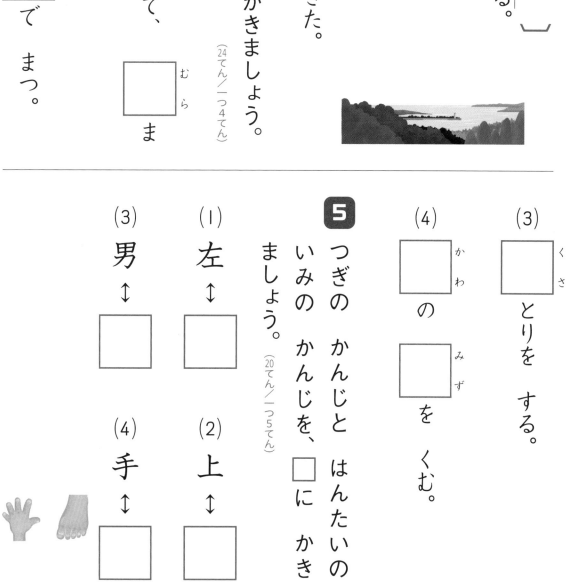

10 かんじの できかたと ひつじゅん

学習のねらい

象形文字は、漢字のイメージをつかむ助けになります。また、筆順にはきまりがあり、正しい筆順で書くことで、早くきれいに書けます。正確に覚えるようにしましょう。

月　日

こたえ➡べっさつ7ページ

ステップ1

1 つぎの えから できる かんじを かきましょう。

(1) 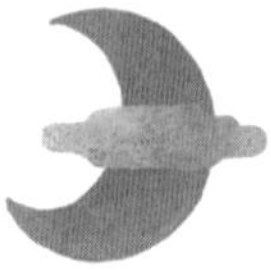 〔　　〕

(2) 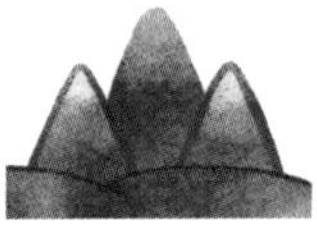 〔　　〕

(3) 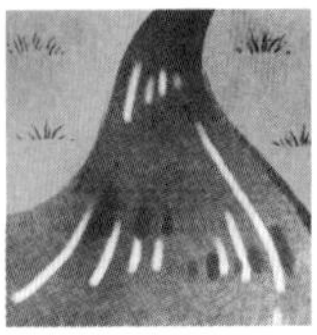 〔　　〕

(4)  〔　　〕

2 つぎの えと、それを あらわす かんじを ——で むすびましょう。

(1)  ・　　・ 竹

(2)  ・　　・ 犬

(3) 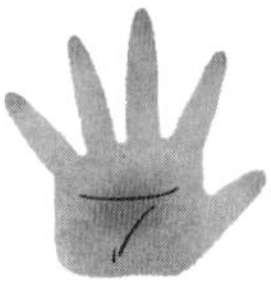 ・　　・ 火

(4)  ・　　・ 貝

(5)  ・　　・ 手

3 うえと したを ――で むすびましょう。

(1) 下・　・二《に》かいで かくじ

(2) 出・　・三《さん》かいで かくじ

(3) 中・　・四《よん》かいで かくじ

(4) 十・　・五《ご》かいで かくじ

(5) 気・　・六《ろっ》かいで かくじ

4 つぎの かんじの ひつじゅんを かきましょう。

(1) 正…［一 丁 下 ］ ① ② ③ ④ ⑤

(2) 竹…［ ］ ① ② ③ ④ ⑤ ⑥

(3) 花…［ ］ ① ② ③ ④ ⑤ ⑥ ⑦

(4) 雨…［ ］ ① ② ③ ④ ⑤ ⑥ ⑦ ⑧

5 つぎの かんじを わけましょう。

百 人 口 糸 四 日
文 車 生 七 男 上

(1) 二かいで かくじ［ ］

(2) 三かいで かくじ［ ］

(3) 四かいで かくじ［ ］

(4) 五かいで かくじ［ ］

(5) 六かいで かくじ［ ］

(6) 七《なな》かいで かくじ［ ］

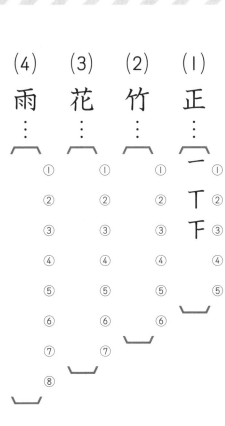

ステップ2

月　日

じかん 20ぷん　ごうかく 80てん

とくてん　てん

こたえ⬇べっさつ7ページ

シール

1 ひつじゅんの ただしい ほうに ○を つけましょう。（15てん／一つ3てん）

(1) 九
〔　〕ノ 九
〔　〕乙 九

(2) 木
〔　〕丨 十 才 木
〔　〕一 十 才 木

(3) 年
〔　〕ノ 𠂉 仁 乍 生 年
〔　〕ノ 𠂉 仁 仁 生 年

(4) 赤
〔　〕一 十 土 圡 圥 赤 赤
〔　〕丨 十 土 圡 圥 赤 赤

(5) 車
〔　〕一 丆 冂 冃 日 車 車
〔　〕一 丆 冂 冃 日 亘 車

2 やじるしの ところは、なんばん めに かきますか。（20てん／一つ4てん）

円 〔　〕

王 〔　〕

左 〔　〕

足 〔　〕

空 〔　〕

3 つぎの かんじの ひつじゅんを かきましょう。（15てん／一つ5てん）

れい 休…ノ イ 仁 什 休 休

(1) 水…〔　　〕

(2) 百…〔　　〕

(3) 月…〔　　〕

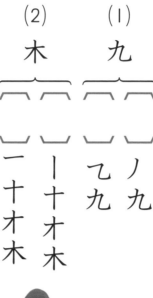

たいせつ

4 つぎの　かんじと　あう　せつめいを、――で　むすびましょう。（20てん／一つ4てん）

(1) 火・　・あ うえから　じゅんに　かく。

(2) 中・　・い いちばん　さいごに　たてぼうを　かく。

(3) 三・　・う さきに、まんなかを　かき、つぎに　りょうがわを　かく。

(4) 小・　・え いちばん　さいごに　よこぼうを　かく。

(5) 女・　・お りょうがわを　さきに　かき、あとに　なかを　かく。

5 つぎの　かんじは　なんかいで　かきますか。（12てん／一つ2てん）

(1) 夕〔　　〕　(2) 村〔　　〕

(3) 虫〔　　〕　(4) 見〔　　〕

(5) 青〔　　〕　(6) 学〔　　〕

6 うえと　したを　――で　むすびましょう。（18てん／一つ3てん）

(1) 土・　・五《ご》かいで　かく　じ

(2) 天・　・八《はち》かいで　かく　じ

(3) 田・　・六《ろっ》かいで　かく　じ

(4) 金・　・七《なな》かいで　かく　じ

(5) 貝・　・三《さん》かいで　かく　じ

(6) 名・　・四《よん》かいで　かく　じ

月　日

こたえ⬇べっさつ8ページ

じかん 20ぷん
ごうかく 80てん

とくてん　てん

シール

1 ——の かんじの よみかたを かきましょう。（20てん／一つ2てん）

(1) 男〔　〕の 人〔　〕と 女〔　〕の 子〔　〕

(2) 学校〔　〕の 先生〔　〕

(3) 虫〔　〕を 見〔　〕つける。

(4) 大〔　〕きな にもつを もち上〔　〕げる。

2 つぎの かんじの よみかたを ふたとおり かきましょう。（16てん／一つ2てん）

(1) 年〔　〕〔　〕

(2) 車〔　〕〔　〕

(3) 木〔　〕〔　〕

(4) 月〔　〕〔　〕

3 □に かんじを かきましょう。（18てん／一つ3てん）

(1) □《はな》を □□《ひゃっぽん》 かう。

(2) □《かわ》の □《おと》を きく。

(3) はりあなから □《いと》を □《だ》す。

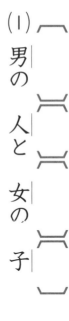

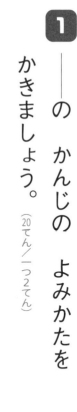

4 うえと したを ——で むすんで、できた かんじを □に かきましょう。（20てん／一つ4てん）

(1) 木・　・月 □

(2) 宀・　・十 □

(3) 艹・　・寸 □

(4) 龶・　・早 □

(5) ノ・　・子 □

5 やじるしの ところは なんばん めに かきますか。（12てん／一つ3てん）

子 ○

気 ○

天 ○

竹 ○

6 かきじゅんの ただしい ほうに ○を つけましょう。（6てん／一つ2てん）

(1) 右
- 〔　〕一ナオ右右
- 〔　〕ノナオ右右

(2) 町
- 〔　〕丨口皿田田一町
- 〔　〕丨口日用田田一町

(3) 円
- 〔　〕丨冂円円
- 〔　〕丨冂円円

7 つぎの かんじの ひつじゅんを かきましょう。（8てん／一つ4てん）

れい ノハク父

(1) 生…〔　〕

(2) 耳…〔　〕

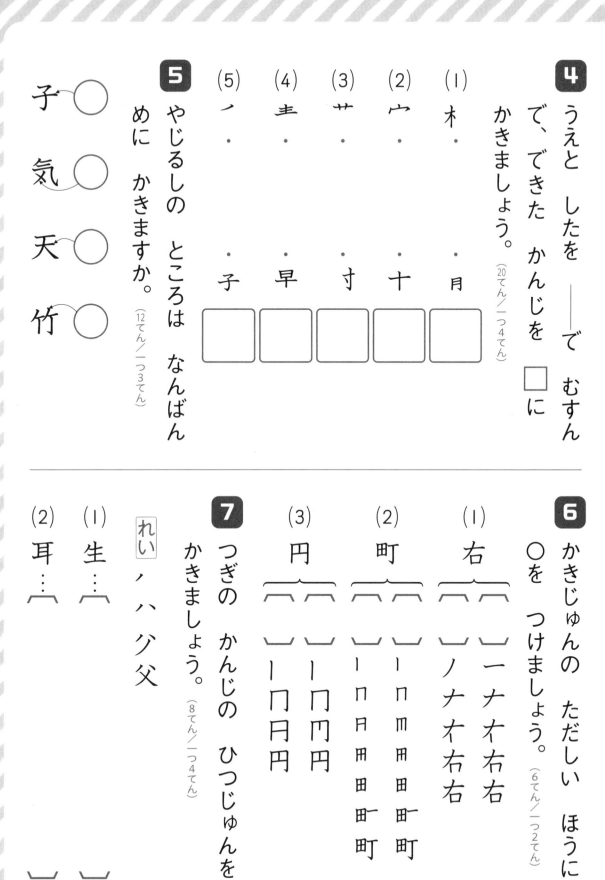

11 かたかなを かく

学習のねらい
外来語や外国の地名・人名、また、物音や動物の鳴き声をかたかなで表します。かたかなの正しい書き方を覚え、かたかなで書く言葉をたくさん見つけましょう。

月　日

こたえ⬇べっさつ8ページ

ステップ1

1 ひらがなと かたかなを ——で むすびましょう。

る・　し・　ら・　ぬ・　み・

・ミ　・シ　・ヌ　・ル　・ラ

2 えを 見《み》て、□に あてはまる かたかなを かきましょう。

□ナナ

ヨ□ト

フライ□ン

3 ひつじゅんの 正《ただ》しい ほうに ○を つけましょう。

(1) ツ
- (　) ノ ソ ツ
- (　) 丶 丷 ツ

(2) キ
- (　) 一 二 キ
- (　) 一 十 キ

(3) サ
- (　) 一 十 サ
- (　) 丨 リ サ

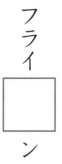

(4) メ
［　］ノメ
［　］、メ

4 つぎの かたかなの ことばを、正しく かきなおしましょう。

(1) 
カナラ → ［　　］

(2) 
チレビ → ［　　］

(3) 

クタシー → ［　　］

(4) 
ユップ → ［　　］

---

5 かたかなで かく ことばを かたかなに なおしましょう。

(1) かみなりが ごろごろと なりだす。
［ごろごろ］→［　　］

(2) きゅうきゅう車《しゃ》が さいれんを ならして とおりすぎました。
［　　］→［　　］

(3) みんなで はあもにかを ふきました。
［　　］→［　　］

(4) どうぶつえんで ごりらを 見ました。
［　　］→［　　］

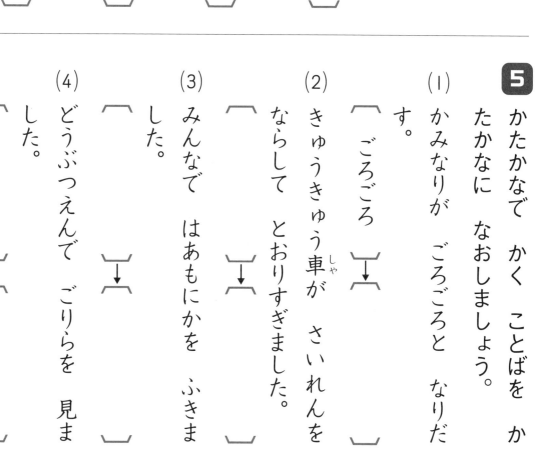

ステップ2

11 かたかなを かく

月　日

じかん 20ぷん
ごうかく 80てん
とくてん　　てん

こたえ➡べっさつ8ページ

シール

1 えを 見《み》て、かたかなで 名《な》まえを かきましょう。（15てん／一つ5てん）

2 つぎの ひらがなの ことばを、かたかなに なおしましょう。（20てん／一つ5てん）

(1) あめりか……

(2) てぶる……

(3) ぼおと……

(4) あいすくりいむ……

3 やじるしの ところは、なんばんめに かきますか。（15てん／一つ3てん）

オ　○

テ　○

ケ　○

ナ　○

モ　○

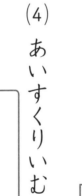

4 〔　〕に あてはまる 音《おと》や なきごえを、□から えらんで かきましょう。（20てん／一つ5てん）

(1) からすが 〔　　　　〕 ないて います。

(2) くつの 音が、〔　　　　〕と きこえて きます。

(3) うまが 〔　　　　〕と なきました。

(4) 田《た》んぼで、〔　　　　〕と かえるが ないて いました。

コツコツ・ゲロゲロ
ヒヒーン・カーカー

たいせつ

5 つぎの 文《ぶん》の 中《なか》で、かたかなで かく ことばを ＝＝で けして、よこに かきなおしましょう。（30てん／一つ10てん）

(1) じどう車《しゃ》の たいやは、ごむで できて います。

(2) ぼおるが がらすに あたりました。

(3) ぼくは、ぷりんと はんばあぐが 大《だい》すきです。

12 (、)(。)(「 」)の つかいかた

学習のねらい

文中の読点(、)や句点(。)やかぎ(「 」)は、読み手が文章を理解しやすいようにつけられています。どこに使われ、どんな役目をするのかをきちんと覚えておきましょう。

月　日

こたえ⬇べっさつ9ページ

ステップ1

1 、(てん)と 。(まる)の どちらかを 〔　〕に 入《い》れましょう。

(1) きのう〔　〕ぼくは〔　〕本《ほん》を 二《に》さつ かいました〔　〕

(2) せの たかい〔　〕白《しろ》い ひげの おじさんが〔　〕立《た》って いました〔　〕

(3) たたいて みたり〔　〕おして みたり しましたが〔　〕びくとも しません〔　〕

2 つぎの 文《ぶん》しょうを よんで、もんだいに こたえましょう。

ねえさんが、

「ふたりで かけっこしよう。」

と いいました。わたしは おもしろそうだと おもったので、
ようい、どん。

と いって、はしりだしました。

(1) 「 」(かぎ)は、どんな ところに ついて いますか。

〔　　　　　　　　〕

(2) 文中《ぶんちゅう》に あと 一《ひと》つ 「 」を つけましょう。

3

、（てん）と 。（まる）の どちらかを □に 入れましょう。

　きのう□ぼく
は□こうえんに
いきました□す
べりだいで□あ
そびました□　
　かえるとき□
犬《いぬ》におい　かけら
れました□こわ
かったです□　

4

つぎの 文しょうに 「 」（かぎ）を つけ、あとの ますに 正《ただ》しく うつしましょう。

ちえみさんが、
いっしょに学校《がっこう》へいこう。
といって、さそってくれました。

ち

月　日
じかん20ぷん
ごうかく80てん
とくてん　てん
こたえ➡べっさつ9ページ
シール

1 つぎの　文《ぶん》しょうに　。(まる)を　つけましょう。(30てん／一つ10てん)

(1) すずめは、人《ひと》の　すんで　いる　ところに　よく　います　すずめに　とって、その　ほうが　つごうが　よいからです

(2) こうえんには　だれも　きて　いなかったので、たかしは　ひとりで　ボールを　けって　あそんだ

(3) すずきさんは、かえりみち　なの花《はな》を　見《み》つけました　そして、たんぽぽも　見つけました

2 つぎの　文に　、(てん)を　一《ひと》つずつ　つけましょう。(30てん／一つ6てん)

(1) きょうは　さく文を　かきました。

(2) それから　山《やま》へ　いきました。

(3) おなかが　すいたので　おむすびを　たべる　ことに　しました。

(4) なつの　おわりごろに　なると　すずむしが　なきはじめます。

(5) 先生《せんせい》が　ほそながい　たんざくを　もって　きました。

3 つぎの 文しょうに 「　」(かぎ)を 一つずつ つけましょう。
(40てん/一つ8てん)

(1) むこうから、スクーターが きました。となりの ようすけさんの スクーターです。うしろから、
　にいちゃあん。
と、みのるくんの こえが しました。

(2) ぼくは おばあさんに えきへの みちを きかれたので、おしえて あげました。すると、
　ありがとう。たすかったわ。
と、あたまを 下《さ》げて、おれいを いって くれました。

(3) おかあさん。ぼく、ともだちの いえへ いって くる。
と いって、あきらくんは 出《で》て いきました。

(4) おばあさんが ぼくに おつかいを たのみました。ぼくは、
　うん、いいよ。
と いって、うちを 出ました。

(5) ぼくは、まさおくんと オセロで しょうぶしました。やがて まさおくんが、
　やった、やった。
と、さけびごえを あげました。ぼくは まけて しまいました。

13 ことばの つながり

学習のねらい

言葉と言葉のつながり方について学びます。特に、言葉と言葉や、文と文などをつないで、前後の関係を示すつなぎ言葉（接続語）について理解を深めましょう。

月　日

こたえ⬇べっさつ9ページ

ステップ1

1 〔　〕に あてはまる ことばを、[　] から えらんで かきましょう。

(1) ジュースを〔　　　〕。

(2) 車《くるま》に〔　　　〕。

(3) テレビを〔　　　〕。

(4) おかしを〔　　　〕。

(5) ボールを〔　　　〕。

ける・みる・のむ・たべる
のびる・のる・こぐ・でる

2 つぎの 文《ぶん》しょうで、つなぎことばに ——を ひきましょう。

れい　りんごが すきですか。それとも、みかんが すきですか。

(1) かぜを ひいて、せきが 出《で》た。けれども、学校《がっこう》へ いった。

(2) 川《かわ》の 水《みず》が あふれて いた。なぜなら、きのうまで 雨《あめ》が ふりつづいて いたからだ。

(3) なんども れんしゅうした。だから、きっと うまく いく。

(4) 山《やま》に のぼった。そして、おにぎりを たべた。

3 ――の ところを 正《ただ》しく かき なおしましょう。

(1) いけの むこうは、ひよこが おかあさんに いいました。〔　　〕

(2) 「おかあさん、どう したら そっちが いけるの。」〔　　〕

(3) 「いけの まわりで あるいて おいで。」〔　　〕

(4) ひよこは、いけの まわりが あるいて、おかあさんの いる ところは いきました。〔　　〕〔　　〕

4 〔　〕に あてはまる 文を あとから えらんで、きごうで こたえましょう。

(1) うんどうを して、いっぱい あせを かいた。それで、〔　　〕。

(2) ぼくは にんじんが きらいだ。しかし、〔　　〕。

(3) いもうとは ピアノを ならって いる。また、〔　　〕。

ア がまんして たべた。
イ おおわらいした。
ウ のどが かわいた。
エ バレエも ならって いる。
オ きゅうりも きらいだ。

ステップ2

じかん 20ぷん　ごうかく 80てん　とくてん　　てん

月　日

こたえ⬇べっさつ9ページ

シール

1 〔　〕に　あてはまる　ことばを、［　］から　えらんで　かきましょう。（24てん／一つ6てん）

(1) かぜを
つなを
ピアノを　〔　　〕。

(2) おみやげを
てんぷらを
手《て》を　〔　　〕。

(3) こまを
目《め》を
となりの　人《ひと》に　〔　　〕。

(4) ともだちと
くつが　足《あし》に
こたえが　〔　　〕。

あう・まわす・のぼる
たたむ・あげる・ひく

2 上《うえ》と　下《した》の　文《ぶん》を、——で　むすびましょう。（20てん／一つ4てん）

(1) 夕《ゆう》がたに　なった。・　　・かさを　さそう。

(2) あさ日《ひ》が　さした。・　　・うすぐらく　なって　きた。

(3) 雨《あめ》が　ふる。・　　・ひと休《やす》み。

(4) くたびれた。・　　・よが　あけた。

(5) たこが　あがる。・　　・かぜが　つよい。

3 □に ひらがなを 入《い》れて、ならべる いいかたに しましょう。（8てん／一つ4てん）

(1) 犬《いぬ》 □ ねこ

(2) 手 □ 足

たいせつ 4 〔　〕に あてはまる ことばを、[　] から えらんで かきましょう。（36てん／一つ6てん）

(1) べんきょうも すれ〔　〕、うんどうも します。

(2) 右《みぎ》へ まがる〔　〕、えきが 見《み》えます。

(3) いくら しっぱいし〔　〕、くじけません。

(4) およい〔　〕、つりを したり して、川《かわ》で あそびました。

(5) いそいで いった〔　〕、バスに のりおくれました。

(6) しゅくだいを して〔　〕 あそびましょう。

ても・が・ば・と・だり・から

5 つぎの 文しょうで、つなぎことばに ——を ひきましょう。（12てん／一つ4てん）

(1) りんご、あるいは、みかんを ください。

(2) いえに さそいに いきました。でも、だれも いませんでした。

(3) めは、ぐんぐん のびました。そして、花《はな》が さきました。

14 ていねいな　いいかた

学習のねらい
丁寧な言い方にはいろいろあります。相手を敬った言い方やへりくだった言い方を身につけましょう。また、「お・ご」の使い方にも注意します。

月　日

こたえ⬇べっさつ10ページ

ステップ1

1 ていねいな　いいかたの　ほうに　○を　つけましょう。

(1)
ア　すなばへ　いく。
イ　すなばへ　いきます。

(2)
ア　これは　わたしの　本《ほん》です。
イ　これは　わたしの　本だ。

(3)
ア　なわとびを　しよう。
イ　なわとびを　しましょう。

(4)
ア　正月《しょうがつ》に　おもちを　ついた。
イ　正月に　おもちを　つきました。

2 ―の　ことばを、ていねいな　いいかたに　なおしましょう。

(1) わたしの　いえに　ともだちが　きた。［　　］

(2) おばあさんに　おかしを　かって　もらった。［　　］

(3) 先生《せんせい》が、「きょうしつの　そうじを　しよう。」と　いった。［　　］

(4) ふうせんは、空《そら》へと　上《あ》がって　いった。［　　］

(5) おかあさんが、先生に　ちゃを　出《だ》した。［　　］

3 つぎの　文《ぶん》を　ていねいな　いい　かたに　なおしましょう。

(1) おはよう。

〔　　　　〕

(2) しゅくだいは　もう　やった。

〔　　　　〕

(3) ねこが　いる。

〔　　　　〕

4 正《ただ》しい　ほうに　○を　つけましょう。

(1)
- **ア** おだいこんを　おやおやさんで　かいました。
- **イ** だいこんを　やおやさんで　かいました。

(2)
- **ア** おジュースを　いただきます。
- **イ** ジュースを　いただきます。

5 つぎの　文の　中《なか》で、まちがって　いる　ことばの　よこに　——を　ひいて、正しく　かきなおしましょう。

(1) わたしは　ずっと　おきょうしつに　いました。

〔　　　　〕

(2) 「先生、ありがとう。」

〔　　　　〕

STEP 2

14 ていねいな いいかた

ステップ2

月　日

こたえ⬇べっさつ10ページ

じかん 20ぷん　ごうかく 80てん　とくてん　てん

シール

1 ていねいな いいかたの ほうに ○を つけましょう。（12てん／一つ4てん）

(1) 先生《せんせい》が 本《ほん》を
- ア よまれました。
- イ よんだ。

(2) ぼくは いえに
- ア かえった。
- イ かえりました。

(3) みんなで 山《やま》へ
- ア いこう。
- イ いきましょう。

たいせつ

2 ――の ことばを、ていねいな いいかたに なおしましょう。（18てん／一つ6てん）

(1) 字《じ》を かく。〔　　　〕

(2) パンを たべる。〔　　　〕

(3) 人《ひと》が くる。〔　　　〕

3 ア～ウの うち、ていねいな いいかたに ○を つけましょう。（14てん／一つ7てん）

(1) わたしは（ア） 山田《やまだ》と（イ） いいます。（ウ）

(2) 先生が（ア） はなしを（イ） されました。（ウ）

たいせつ

4 つぎの 文《ぶん》を ていねいな いいかたに なおしましょう。（28てん／一つ7てん）

(1) ぼくは、ちゃんと 手《て》を あらった。

〔　　　〕

(2) ぼくは 一年生《いちねんせい》だ。

〔　　　〕

(3) ろうかは しずかに あるけ。

〔　　　〕

(4) えんそくで、くりひろいに いった。

〔　　　〕

5 つぎの ことばには、二《ふた》とおりの いみが あります。それぞれ、ア・イの どちらの いみですか。（28てん／一つ7てん）

(1) いらっしゃる｛ア 人が くる。／イ 人が いる。｝

① おじさんが わたしの いえに いらっしゃった。〔　　〕

② いま、おきゃくさんは、へやに いらっしゃる。〔　　〕

(2) いただく｛ア もらう。／イ たべる。｝

① おじさんの うちで、ばんごはんを いただいた。〔　　〕

② おじさんに お年玉《としだま》を いただいた。〔　　〕

ステップ3 11〜14

月　日

こたえ↓べっさつ10ページ

じかん 20ぷん　ごうかく 80てん

とくてん　　てん

シール

1 えを 見《み》て、かたかなで 名《な》まえを かきましょう。（24てん／一つ4てん）

(1) 

(2) 

(3) 

(4) 

(5) 

(6) 

2 〔　〕に あてはまる ことばを、［　］から えらんで かきましょう。（16てん／一つ4てん）

(1) ころんだ〔　　〕、さいごまで はしった。

(2) よく きいた〔　　〕、わかった。

(3) まっすぐ いく〔　　〕、のはらに ついた。

(4) はなせ〔　　〕、わかる。

［ ば・ので・が・と ］

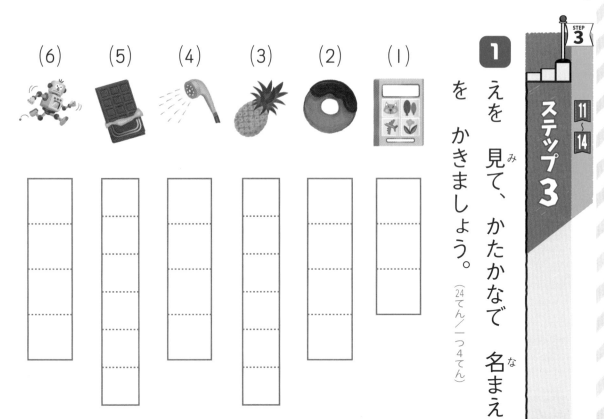

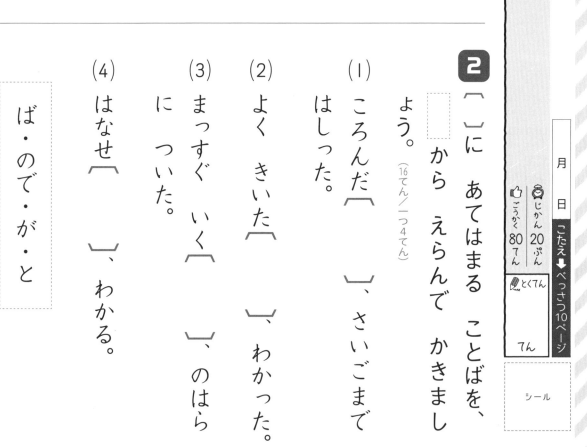

3 つぎの 文《ぶん》しょうの □に 。(まる)を 三《みっ》つ 、(てん)を 二《ふた》つ、「 」(かぎ)を 一《ひと》つ 入《い》れましょう。(24てん/一つ4てん)

く	み	い	□	た	う	と	
り	ん	□	ご	□	ち	□	み
し	な		め		へ	と	や
ま	は		ん		い	の	こ
し	□		く		き	さ	に
た	び		だ		ま	ま	つ
□	っ		さ		し	の	く

4 つぎの 文の 中《なか》で、まちがって いる ことばの よこに ――を ひいて、正《ただ》しく かきなおしましょう。(36てん/一つ9てん)

(1) おとうとが、ゲームを して いらっしゃいました。
〔　　　〕

(2) いもうとが、ねこを かいたいと おっしゃいました。
〔　　　〕

(3) あにが、学校《がっこう》から かえられました。
〔　　　〕

(4) ぼくは、へやの そうじを されました。
〔　　　〕

15 ことばあつめ

学習のねらい

言葉には、動詞・形容詞・名詞など、いろいろな種類があります。それらの言葉を、仲間に分類したり、反対の言葉で組にしたり、工夫して覚えるようにしましょう。

月　日

こたえ⬇べっさつ11ページ

ステップ1

1 どうぐの 名《な》まえを □ から えらんで かきましょう。

(1) べんきょうの どうぐ
「　」「　」「　」

(2) だいどころの どうぐ
「　」「　」「　」

(3) うんどうの どうぐ
「　」「　」「　」

ラケット・えんぴつ・とびばこ
ほうちょう・ノート・まないた
ボール・きょうかしょ・なべ

2 あとの えを 見《み》て、どうさを あらわす ことばを 四《よっ》つ かきましょう。

れい「とぶ」

「　」「　」

「　」「　」

3 〔　〕に あてはまる ことばを、[　]から えらんで かきましょう。

(1) ほしが 〔　　　〕 ひかって いる。

(2) くつが 〔　　　〕で、 あるきにくい。

(3) うっかり おとした りんごが、〔　　　〕と さかを ころがりおちた。

(4) くもが 〔　　　〕 うかんで いる。

ぶかぶか・はらはら・きらきら
ころころ・ふわふわ・かんかん

---

4 上《うえ》と 下《した》で はんたいの ことばを、——で むすびましょう。

(1) みじかい・　　・おそい

(2) かるい・　　・たかい

(3) はやい・　　・おもい

(4) ひろい・　　・かなしい

(5) うれしい・　　・せまい

(6) ひくい・　　・ながい

月 日
じかん 20ぷん
ごうかく 80てん
とくてん てん
こたえ⬇べっさつ11ページ
シール

たいせつ

1 なかまはずれの ことばを ○で かこみましょう。（12てん／一つ3てん）

(1) 手《て》ぶくろ　ふでばこ　くつ下《した》

(2) 車《くるま》　まど　ふね　でん車《しゃ》

(3) 目《め》　ゆび　ひたい　口《くち》　まゆげ

(4) だいこん　なすび　ごぼう　もも

2 つぎの ことばの 中《なか》で、「手」と かんけいの ある ことばを ○で かこみましょう。（15てん）

もつ　あるく　にぎる　はしる

ねる　たたく　はこぶ　なげる

---

3 上《うえ》と 下で はんたいの ことばを、――で むすびましょう。（12てん／一つ3てん）

(1) あんぜん・　　・おちつく

(2) みなみ・　　・すてる

(3) ひろう・　　・きた

(4) あわてる・　　・きけん

4 つぎの 文《ぶん》の 中で、ものの 名《な》まえを あらわす ことばを ○で かこみましょう。（12てん／一つ4てん）

(1) 赤《あか》い 花《はな》を 見《み》つけた。

(2) かおを せっけんで あらう。

(3) ちょうが ひらひらと とぶ。

たいせつ

5 上の　ことばと　かんけいの　ある　ことばを、——で　むすびましょう。（15てん／一つ3てん）

(1) うさぎ・　　・ぽかぽか

(2) ふうせん・　　・ぴょんぴょん

(3) ぶらんこ・　　・にょろにょろ

(4) おひさま・　　・ゆらゆら

(5) へ　び・　　・ふわふわ

6 どうさを　あらわす　ことばを、三《みっ》つ　かきましょう。（9てん／一つ3てん）

〔　　〕〔　　〕〔　　〕

たいせつ

7 つぎの　ことばを　二《ふた》つの　なかまに　わけましょう。（16てん／一つ2てん）

さむい・つみき・たかい・ゆき
すずめ・こわい・とおい・くま

(1) 〔　　〕

(2) 〔　　〕

8 どんな　ときの　あいさつですか。〔　〕に　かきましょう。（9てん／一つ3てん）

(1) おはよう。〔　　〕

(2) いただきます。〔　　〕

(3) ただいま。〔　　〕

16 かざりことば

STEP 1
ステップ1

学習のねらい
かざり言葉（修飾語）は、「どのように」「どのくらい」など、係る言葉の様子や程度を詳しく説明する言葉です。どの言葉を詳しくしているかを見分けます。

月　日

こたえ➡べっさつ11ページ

1 〔　〕に　あてはまる　ことばを、［　］から　えらんで　かきましょう。

(1) 〔　　〕のように　つめたい　かぜが　ふいて　いる。

(2) 〔　　〕のように　はやく　はしる。

(3) 〔　　〕のように　大《おお》きな　なみが　おしよせて　きた。

山《やま》・や・こおり

2 上《うえ》の　ことばが　下《した》の　ことばを　くわしく　せつめいするように、——で　むすびましょう。

(1) にっこり・　　・ねむる

(2) ぽろぽろ・　　・ふるえる

(3) ぐっすり・　　・ゆれる

(4) ゆらゆら・　　・わらう

(5) ぶるぶる・　　・こぼす

3 つぎの 文《ぶん》の 中《なか》から かざりことばを さがし、――を ひきましょう。

れい 赤《あか》ちゃんが しずかに ねて います。

(1) あにが とつぜん おきあがりました。

(2) つとむくんは ていねいに あいさつしました。

(3) いっしょに いきましょう。

(4) はとが いっせいに とびたちました。

(5) 火《ひ》が めらめらと もえて いました。

---

4 ――の かざりことばが くわしく せつめいして いる ことばに、〰〰を ひきましょう。

(1) やがて 大きな 森《もり》が 見《み》えてきました。

(2) ずいぶん ひどい 人《ひと》たちだなあ。

(3) ぼくは、おかあさんの かおを じっと 見つめました。

(4) 夕日《ゆうひ》が ゆっくりと 山の むこうに しずみます。

ステップ2

月　日

じかん 20ぷん　ごうかく 80てん　とくてん　てん

こたえ⬇べっさつ11ページ

シール

1 ——の ことばの 中《なか》で、かざり ことばを ○で かこみましょう。（5てん）

ざりがにが はさみを あげた。

ざりがにが おこった。

ざりがにが うしろに さっと にげた。

2 上《うえ》と 下《した》の ことばを、——で むすびましょう。（9てん／一つ3てん）

(1) まぶしい・　　・りんご

(2) すずしい・　　・かぜ

(3) おいしい・　　・たいよう

3 〔　〕に あてはまる ことばを、［　］から えらんで かきましょう。（30てん／一つ6てん）

(1) 〔　　〕ミルクを のむ。

(2) 〔　　〕うみを ながめる。

(3) 〔　　〕花《はな》は うつくしい。

(4) つなを 〔　　〕 ひいた。

(5) けむりが 〔　　〕と 出《で》る。

ぐっと・赤《あか》い・ひろい
もくもく・あたたかい

たいせつ

4 ——の ことばを くわしく せつめいして いる かざりことばを かきましょう。（28てん／一つ7てん）

(1) まっ白《しろ》な シャツを きて いる。〔　　〕

(2) きいろい 花が さいた。〔　　〕

(3) おとうさんは きゅうに わらいだしました。〔　　〕

(4) あれは 大《おお》きな たてものです。〔　　〕

---

5 ——の かざりことばが くわしく せつめいして いる ことばを かきましょう。（28てん／一つ7てん）

(1) ぽおんと 石《いし》を けった。〔　　〕

(2) にんじんを ぺろりと たべた。〔　　〕

(3) ほたるが すっと とびあがった。〔　　〕

(4) 二《ふた》つの かわいい 手《て》だ。〔　　〕

17 こそあどことば

学習のねらい
こそあど言葉（指示語）は、文章の内容を読み取る上でとても大切になります。こそあど言葉が何を指しているのかを、しっかりつかむようにします。

月　日

こたえ⬇べっさつ12ページ

ステップ1

1 正《ただ》しい　ほうを　○で　かこみましょう。

(1) みゆきさん、｛その／それ｝　ぼうし、よく　にあうわよ。

(2) 上《うえ》から　四《よん》だん目《め》の　｛あの／どの｝　本《ほん》を　とって　ください。

(3) ゆき子《こ》さん、｛どれ／どの｝　花《はな》が、きれいかしら。

2 ——の　こそあどことばが　さす　ことばを　かきましょう。

(1) つぎは　かん字《じ》の　かきとりです。<u>これ</u>は　とくいです。
［　　　　］

(2) おかあさんが、マフラーを　わたして　くれました。ぼくは　<u>それ</u>を　まいて、そとに　出《で》ました。
［　　　　］

(3) おみせの　人《ひと》に　「<u>これ</u>に　します。」と、赤《あか》い　ふくろを　ゆびさしました。
［　　　　］

3 〔　〕に　あてはまる　こそあどことばを、[　] から　えらんで　かきましょう。

(1) 〔　　〕に　あった　手《て》ぶくろを　しりませんか。

(2) りんごと　みかん、あなたは　〔　　〕が　すきですか。

(3) 〔　　〕山《やま》の　てっぺんまで、みんなで　のぼりましょう。

どちら・あの・ここ

---

4 ――の　こそあどことばが　せつめいした　ものに、○を　つけましょう。

(1) 学校《がっこう》までは、ここから　とおい。

ア　ものの　名《な》まえを　さして　いる。

イ　ばしょを　さして　いる。

(2) こっちへ　きなさい。

ア　ものの　名まえを　さして　いる。

イ　ほうこうを　さして　いる。

(3) カレーに　ハンバーグに　オムライス。どれも　大《だい》すきだ。

ア　ものの　名まえを　さして　いる。

イ　ばしょを　さして　いる。

ステップ2

じかん 20ぷん　ごうかく 80てん　とくてん　てん

シール

1 つぎの 文《ぶん》の 中《なか》から こそあど ことばを さがし、――を ひきましょう。（42てん／一つ6てん）

(1) まさおくん、あの 本《ほん》を とって ください。

(2) これは おいしい さくらんぼです。あそこにも ありますよ。

(3) ここの さくらは きれいです。

(4) はまべでは、あっちでも こっちでも しおひがりを して います。

(5) ほら、そこに 石《いし》が あります。

2 〔　〕に あてはまる ことばを、□から えらんで かきましょう。（28てん／一つ7てん）

(1) 先生《せんせい》、〔　　〕くもは、どうして できるのですか。

(2) たしか 〔　　〕は、入《にゅう》どうぐもだよ。

(3) 〔　　〕へ おいでよ。

(4) けしゴムが 〔　　〕へ いったか わからない。

どこ・あの・あれ・こっち

3 つぎの 文しょうの 中から こそあどことばを さがし、――を ひきましょう。（12てん／一つ6てん）

りえさんが、学校《がっこう》から かえって くると、つくえの 上《うえ》に 手《て》がみが おいて ありました。その 手がみを よんで みると、

「しょうてんがいは どの みせも 休《やす》みだったので、デパートに いって きます。すこし おそく なるかも しれません。るすばんを たのみます。ははより。」

と かいて ありました。

たいせつ

4 ――の ことばは、なにを さして いますか。正《ただ》しい ものに ○を つけましょう。（18てん／一つ6てん）

(1) だれですか。こっちへ くるのは。

ア ほうこう　**イ** 人《ひと》　**ウ** もの

(2) 町《まち》へは、ここから バスに のって いきます。

ア もの　**イ** 人　**ウ** ばしょ

(3) おかあさんが、くすりを かって きて くれました。これは、かぜに よく きくそうです。

ア 人　**イ** もの　**ウ** ばしょ

月　日
じかん 20ぷん
ごうかく 80てん
とくてん　てん
こたえ⬇べっさつ12ページ
シール

1 〔　〕に あてはまる ことばを、□から えらんで かきましょう。（24てん／一つ6てん）

(1) めだかが 〔　　〕 およぐ。

(2) あさ日《ひ》が 〔　　〕と かがやく。

(3) たいこを 〔　　〕と たたく。

(4) みんなで 〔　　〕 さわぐ。

ドンドン・きらきら
わいわい・すいすい

---

2 ――の ことばを くわしく せつめいして いる かざりことばを かきましょう。（24てん／一つ6てん）

(1) ふうせんが 大《おお》きく ふくらんだ。 〔　　〕

(2) さるは するすると のぼった。 〔　　〕

(3) 石《いし》が ゴツンと あたった。 〔　　〕

(4) きゅうに、雨《あめ》が ふりだした。 〔　　〕

3 つぎの 文《ぶん》しょうを よんで、もんだいに こたえましょう。

ちょうちょうが、なの花《はな》ばたけを あっちへ ひらひら、こっちへ ひらひら とんで います。花の みつを すいに きたのです。でも、そこには、さきに みつばちが きて、とびまわって いました。みつばちも、花の みつを あつめて いるのです。

(1) 「そこ」とは、どこを さして いますか。(10てん)

〔　　　　〕

(2) 「そこ」の ほかに、こそあどことばを 二《ふた》つ さがして、かきましょう。(12てん／一つ6てん)

〔　　　　〕〔　　　　〕

4 つぎの ことばの なかまの かんじを、□ から えらんで かきましょう。(30てん／一つ3てん)

(1) からだ 〔　・　〕

(2) いろ 〔　・　〕

(3) べんきょう 〔　・　〕

(4) どうさ 〔　・　〕

(5) いきもの 〔　・　〕

青・字・立・耳・犬
見・本・白・手・虫

18 せいかつ文《ぶん》を よむ

学習のねらい
生活文とは、くらしの中で起こった出来事を中心として、感じたことや考えたことをまとめた文章です。作者の経験や思考を、時間や行動の順序でとらえます。

月　日

こたえ⬇べっさつ13ページ

ステップ1

1 つぎの 文《ぶん》しょうを よんで、もんだいに こたえましょう。

ぼくは おとうさんと 花火《はなび》を 見《み》に いきました。川《かわ》の そばは、人《ひと》で いっぱいでした。みんな 空《そら》を 見上《みあ》げて、花火が うち上げられるのを まって いました。しばらく すると、ドンと 音《おと》が して、きくの 花が 空に ひろがりました。

(1) ぼくは、だれと 花火を 見に いきましたか。

［　　　　］

(2) なんの ために、川の そばに、人が いっぱい あつまって いたのですか。

［　　　　］

(3) 「きくの 花」と いうのは、ほんとうは なんの ことですか。二字《にじ》で かきましょう。

□□

2 つぎの　文しょうを　よんで、もんだいに　こたえましょう。

おかあさんの　さんぱつやさんがはじまりました。耳《みみ》の　そばの　かみを　きった　とき、にいさんが、

「あいたた。もっと　ゆっくり。」

と、なきそうな　こえで　いいました。わたしと　ねえさんは、そのようすを　そばで　見て　いました。

十五《じゅうご》ふんほど　して、おかあさんが、

「おわったわよ。」

と、いいました。

(1) おかあさんは、なにを　して　いる　ところですか。四字《よじ》で　かきましょう。

(2) かみを　きって　もらって　いる人は　だれですか。
〔　　　〕

(3) にいさんは、なんと　いいましたか。
〔　　　〕

(4) そばには、だれが　いましたか。
〔　　　〕と〔　　　〕

(5) さんぱつには　どのくらいの　じかんが　かかりましたか。
〔　　　〕くらい

STEP 2 ステップ2

月　日

じかん 20ぷん　ごうかく 80てん

とくてん　てん

こたえ→べっさつ13ページ

シール

1 つぎの 文《ぶん》しょうを よんで、もんだいに こたえましょう。

あすは、たなばたまつりが あります。きょうしつで 先生《せんせい》が、

「たなばたさまへ おねがいしたいことを、たんざくに かいて もらいます。」

と おっしゃいました。それから、赤《あか》・青《あお》・きいろの たんざくを もらいました。

わたしは 赤いろの たんざくを えらんで、

「わたしは、ピアノが じょうずに

なって、せかい一《いっ》しゅうも したいので、おねがいします。」

と かいて、先生に 見《み》せました。

「なるほど。まりちゃんの ねがいを、かなえて やって おくれ。」

先生は、にこにこして おっしゃいました。

わたしは、ねがいごとを かいた たんざくを ささに つけました。つける とき、早《はや》く ねがいごとが かなうと いいのになと おもいました。

(1) この　文しょうは、いつ　かいた　ものですか。（10てん）

［　　　　］

(2) この　文しょうを　かいたのは　だれですか。名《な》まえを　かきましょう。（10てん）

［　　　　］

(3) たんざくに、どんな　おねがいを　かきましたか。二《ふた》つ　かきましょう。（30てん／一つ15てん）

［　　　　］

［　　　　］

(4) たんざくは、どこで　かきましたか。（10てん）

［　　　　］

(5) なにいろの　たんざくに　かきましたか。（10てん）

［　　　　］

(6) 「まりちゃんの　ねがいを、かなえて　やって　おくれ。」と　いったのは　だれですか。（10てん）

［　　　　］

(7) 文しょうを　かいた　人《ひと》は、先生に　見せた　たんざくを　どうしましたか。（10てん）

［　　　　］

(8) (7)の　とき、どんな　ことを　おもいましたか。（10てん）

［　　　　］

19 しを よむ

学習のねらい

作者の感動を読み取ることが大切です。作者が何に驚き、何に感動しているかをつかむようにします。そのためには、一つ一つの言葉について意味を考えるようにします。

月　日

こたえ⬇べっさつ13ページ

STEP 1 ステップ1

1 つぎの　しを　よんで、もんだいに　こたえましょう。

さかな

さかなは　ぼくに　たべられて
それから　ぼくになっちゃった
ぼくは　かいじゅうに　たべられて
ぼくは　かいじゅうに　なりたいな
大《おお》きいあしで　のっしのっし
まがったつめで
ガオーッツ　ガオーッ

（やまなか　としこ「たべちゃうぞ」）

(1) 「さかな」は、ぼくに　たべられて、なにに　なりましたか。

〔　　　　〕

(2) 「ぼく」は　たべられて、なにに　なりたいのですか。

〔　　　　〕

(3) 「ガオーッツ　ガオーッ」と　いうのは、なにですか。つぎから　えらんで、きごうで　こたえましょう。

〔　　　　〕

ア さかなの　なく　こえ
イ ぼくの　おこった　こえ
ウ かいじゅうの　ほえる　こえ

2 つぎの　しを　よんで、もんだいに　こたえましょう。

いたい　　しんざわ　としひこ

げんかんで　ころんだら
ひざっこぞうを　すりむいた
いきを　フーフーかけたけど
あかくにじんで　いたかった
イタイノイタイノトンデイケー
なんじゅっかいも　いったのに
とってもとっても　いたかった

かいだんで　すべったら
おしりを　いっぱいぶっつけた
いきを　ハーハーはいたけど
ビリビリしびれて　いたかった
コンナノゼンゼンヘーキダイ
まわりのみんなに　いったけど
とってもとっても　いたかった

(1) いたそうな　ようすが　よく　わかる　ことばを　二《ふた》つ、七字《ななじ》と八字《はちじ》で　かきましょう。

(2) いたくても　がまんして　いって　いる　ことばを　二つ　見《み》つけて、――を　ひきましょう。

(3) とても　いたい　ことが　わかる　ところを　一《いち》ぎょう　かきましょう。

〔　　　　〕

月　日

じかん 20ぷん　ごうかく 80てん　とくてん　てん

こたえ⬇べっさつ13ページ

シール

1 つぎの しを よんで、もんだいに こたえましょう。

おにぎり

おにぎり ころころ
なかみは なあに
かくれんぼしている
なかみは なあに

おにぎり もぐもぐ
うめぼしさん みーつけた！

もひとつ もぐもぐ
しおざけくん みーつけた！

たらこちゃんは どこかな
おかかちゃんも いるかな

ぱくぱく もぐもぐ
おなかが いっぱい
みんな ぜーんぶ みーつけた！

（たかぎ あきこ「たべものうた」）

たいせつ

(1) この しは、いくつの まとまりで できて いますか。（15てん）

〔　　〕つ

(2)「かくれんぼしている／なかみ」とは、なんの　ことですか。つぎから　えらんで、きごうで　こたえましょう。（15てん）〔　　〕

ア 下《した》の　ほうに　かくれて　いる　おにぎり。

イ おにぎりの　まわりに　まぶして　ある、おいしい　もの。

ウ おにぎりの　中《なか》に　ある、おいしい　もの。

(3)おにぎりを　おいしそうに　たべて　いる　ようすが　わかる　ことばを　二《ふた》つ、それぞれ　四字《よじ》で　かきましょう。（20てん／一つ10てん）

□□□□　□□□□

(4)「みーつけた！」と　ありますが、はじめに　みつけた　ものと、つぎに　みつけた　ものを　かきましょう。（20てん／一つ10てん）

・はじめに〔　　〕

・つぎに〔　　〕

(5)「ぜーんぶ　みーつけた！」と　ありますが、ほかに　どんな　ものを　みつけましたか。（20てん／一つ10てん）

〔　　〕〔　　〕

たいせつ

(6)おにぎりを　たべた　うれしい　気《き》もちが　つよく　あらわれて　いるのは、なんばんめの　まとまりですか。すう字で　こたえましょう。（10てん）

〔　　〕ばんめ

20 手《て》がみ・にっきを　よむ

学習のねらい

日記を読むときは、どんな出来事があったか、作者が特に強く感じたことは何かを、そのときの様子を思い浮かべながら読むようにします。手紙では、用件を読み取ります。

月　日

こたえ⬇べっさつ14ページ

ステップ1

1 つぎの　にっきを　よんで、もんだいに　こたえましょう。

八月《はちがつ》　四日《よっか》　土《ど》よう日《び》　はれ

かぞくで　こうげんへ　ハイキングに　いきました。山《やま》みちを　すこし　あるいた　あと、ちょうじょうまで　リフトに　のりました。はじめてだったので、ぼくは　むねが　どきどきしました。

(1) いつの　にっきですか。

［　　　　］

(2) なにに　のりましたか。

［　　　　］

(3) なぜ、むねが　どきどきしたのですか。

［　　　　］

(4) だれと　どこへ　なにを　しに　いったのですか。

［　　　　］と［　　　　］へ［　　　　］に　いった。

2 つぎの　手《て》がみを　よんで、もんだいに　こたえましょう。

こうじくんへ
きみの　手がみの　ことを、おかあさんに　はなしました。
あそびに　いっても　いいと　いわれました。
たこを　もって、土よう日の　三《さん》じ　ごろ、ひろばへ　きて　ください。
ひさし

(1) この　手がみは、だれが　だれに　かきましたか。

［　　］が［　　］に

(2) あそびに　いっても　いいと　いったのは、だれですか。

［　　］

(3) この　手がみは、こうじくんへの　へんじです。こうじくんからの　手がみには、なにが　かいて　あったと　おもいますか。

［　　］

(4) こうじくんは　なんよう日の　なんじ　ごろ、どこへ　いけば　いいですか。

［　　］よう日の［　　］じ

ごろ［　　］へ

ステップ2

1 つぎの にっきを よんで、もんだいに こたえましょう。

十一月《じゅういちがつ》　十五日《じゅうごにち》　月《げつ》よう日《び》

くもり

学校《がっこう》の ちかくの こうえんへ、おちばひろいに いきました。こうえんの 入《い》り口《ぐち》に、赤《あか》く なった もみじの はが、たくさん おちて いました。

こうえんの 中《なか》には 大《おお》きな いちょうの 木《き》が 六本《ろっぽん》 あり、木の 下《した》には きいろの いちょうの はが、じゅうたんのように ひろがって いました。

もみじと いちょうの はを、たくさん ひろいました。

(1) いつの にっきですか。(10てん)

［　　　　］

(2) どこへ なにを しに いったのですか。(20てん／一つ10てん)

［　　　　］へ

［　　　　］に いった。

(3) なんの はを ひろいましたか。(10てん／一つ5てん)

［　　　　］と［　　　　］

たいせつ

(4) 「じゅうたんのように ひろがって」と いうのは、どんな ようすの ことですか。(20てん)

［　　　］

2 つぎの 手《て》がみを よんで、もんだいに こたえましょう。

おかあさん、きょうは うみで あつしくんと およぎました。夕《ゆう》がたには、ボートに のって さかなを つりました。

日《にち》よう日《び》に むかえに きて くださいね。

かおる

---

(1) この 手がみは だれが かきましたか。(10てん)

［　　　］

(2) きょうは なにを しましたか。二《ふた》つ かきましょう。(20てん／一つ10てん)

［　　　］［　　　］

(3) 手がみで、おかあさんに なにを たのんで いますか。(10てん)

［　　　］

21 せつめい文《ぶん》を よむ

学習のねらい
説明文を読む際には、書かれている内容を正しく読み取ることに集中して読み進めましょう。そのためには、指示語や接続語に注意して、丁寧に読む必要があります。

月　日

こたえ⬇べっさつ14ページ

ステップ1

1 つぎの 文《ぶん》しょうを よんで、もんだいに こたえましょう。

なつ。

おなじ ところを いったり きたり、すーい すーいと とんで いる とんぼを 見《み》た こと あるかい。にほんで いちばん 大《おお》きい とんぼ、**おにやんま**だ。

おにやんまは、みどりいろを した 大きな 目《め》と、うすいけど、じょうぶで、大きな はねを もって いる。

その 大きな 目で、上《うえ》も 下《した》も まえも、あっちこっち いっぺんに 見る ことが できる。［　　］、えものを つかまえるのに とても やくに たつ。

そして、大きな はねを つかって、じゆうに 空《そら》を とべる。とりに おそわれても、虫《むし》とりあみが ふいに おそってきても、きゅうに むきを かえて にげる ことが できる。

（よしたに　あきのり「とんぼ」）

(1) おにゃんまは、どんな　とんぼですか。つぎの〔　〕に　あてはまる　ことばを　かきましょう。

にほんで　いちばん〔　　〕とんぼ。

(2) おにゃんまの　なにに　ついて　くわしく　せつめいして　いますか。二《ふた》つ　かきましょう。

・
・

(3) 文中《ぶんちゅう》の □ に　あてはまる　ことばを　つぎから　えらんで、きごうで　こたえましょう。

ア　けれども　イ　だから〔　〕
ウ　ところで　エ　また

(4) おにゃんまの　大きな　目は、なにを　するのに　やくに　たちますか。

〔　　〕

(5) おにゃんまは、その　はねで　どんな　ことが　できますか。あてはまる　ことばを　あとから　えらんで、きごうで　こたえましょう。

① じゆうに　空を〔　〕。
② きゅうに　むきを　かえて〔　〕ことが　できる。

ア　やすむ　イ　にげる
ウ　見る　エ　とべる

ステップ2

月　日
こたえ➡べっさつ14ページ

じかん 25ふん　ごうかく 70てん　とくてん　てん

シール

1 つぎの 文《ぶん》しょうを よんで、もんだいに こたえましょう。

あなたは、おにごっこを したことが あるでしょう。

おにごっこは、おにに なった人《ひと》が、ほかの 人を おいかけたりさがしたり する あそびです。おにごっこには、いろいろな あそびかたが あります。

かくれんぼは、おにが、かくれた人を さがす あそびです。

まず、おにが、目《め》を つぶり、かずを かぞえます。その あいだに、ほかの 人は かくれます。やがて、おにが、かくれた 人を さがしにいきます。みんなが 見《み》つかったら、はじめに 見つかった 人が、つぎの おにに なります。

かげふみは、おにが、にげる 人の かげを ふもうと して おいかける あそびです。おにに かげを ふまれると、その 人が おにに なります。

かげふみは、かげが じめんにはっきり うつる、天《てん》気《き》の よい日《ひ》に する あそびです。

（わく ようぞう「おにごっこ」）

(1) つぎの　えが　あらわして　いる　あそびの　名《な》まえを　かきましょう。（20てん／一つ10てん）

〔　　　　〕

〔　　　　〕

たいせつ

(2) かくれんぼの　せつめいを　します。つぎの　（　）に　文中《ぶんちゅう》の　ことばを　かきましょう。また、せつめいの　じゅんに、〔　〕に　ばんごうを　かきましょう。（70てん）

〔　〕やがて、おには、（　　　　）人を　さがしに　いきます。

〔　〕その　あいだに　ほかの　人は、（　　　　）。

〔　〕はじめに（　　　　）人が、つぎの（　　　　）です。

〔　〕まず、おには、（　　　　）を　つぶります。そして、（　　　　）を　かぞえます。

(3) かげふみの　あそびは、いつ　すると　よいですか。（10てん）

〔　　　　〕

22 ものがたりを よむ

学習のねらい

物語文は、登場人物をおさえ、まずあらすじをつかむことが大切です。特に、登場人物が何を言ったのか、何をしたのかをしっかりつかむことです。

月　日

こたえ⬇べっさつ15ページ

ステップ1

1 つぎの 文《ぶん》しょうを よんで、もんだいに こたえましょう。

いぬは、げんきそうな たろうを 見《み》ると、

「やあ、たろうさん こんにちは。」

すると、たろうは 「ごきげんな こえで、

「ああ、こんにちは。みんな おそろいで さんぽかい。ぼくも なかまに いれて おくれよ。」

「それなら、ぼくの けらいに なる？」と、いぬは いいました。

「けらいなんて、ぼく いやだ！」

たろうは きっぱりと いいました。

すると、ねこも いいました。

「けらいなんて、ぼくも いや！」

ひよこも こおろぎも いいました。

「けらいなんて、ぼくも いや！」

「けらいなんて、ぼくも いや！」

いぬは こまりました。

そこで、たろうが いいました。

「それなら、みんな、ともだちに なったら……。」

すぐに こおろぎが いいました。

「ぼく　たろうさんの　ともだちに
なるよ。」
ひよこも　ねこも　いいました。

（むらやま　けいこ「たろうの　ともだち」）

(1) この　文しょうには、「たろう」の　ほかに、どんな　どうぶつが　出《で》てきますか。すべて　かきましょう。

［　　　　　　　　　　］

(2)「たろう」は、みんなに　なんと　いいましたか。［　］に　あてはまる　ことばを　かきましょう。

ぼくも［　　　　　　］いれて　おくれよ。

(3)「たろう」は、いぬに「ぼくの　けらいに　なる？」と　いわれて、なんと　こたえましたか。

［　　　　　　　　　　］

(4)「いぬは　こまりました」と　ありますが、なぜですか。つぎから　えらんで、きごうで　こたえましょう。　［　　］

ア たろうが、「ぼくの　けらいに　なれ」と　いったから。
イ たろうも　みんなも、「けらい　なんて　いやだ」と　いったから。
ウ たろうが　おこりだしたから。

(5) たろうは、さいごに　みんなに　なんと　いいましたか。

［　　　　　　　　　　］

ステップ2

月　日
じかん 25ふん
ごうかく 80てん
とくてん　てん
こたえ⬇べっさつ15ページ
シール

1 つぎの 文《ぶん》しょうを よんで、もんだいに こたえましょう。

とん ことり

また、あの おとが きこえました。

「まって、まって！ まってよう！」

かなえは、大《おお》きな こえで さけんで、んで、げんかんに とび出《だ》しました。

かなえは、ゆうびんうけから のぞいて いる おりがみの にんぎょうを わしづかみに して、がちゃりと、げんかんの ドアを あけました。

しらない おんなのこが、もんから 出《で》ていこうと して いるのが 見《み》えました。

「まって……」

おんなのこが、ゆっくり ふりむきました。

かなえは、おんなのこの そばまで ちかづいて いきました。

「あの……すみれ……あたしに？」

おんなのこが うなずきました。

「たんぽぽも……？」

おんなのこが うなずきました。

「じゃあ……じゃあ、てがみも？ みんな あたしに？」

おんなのこが　うなずきました。

かなえは、すこし　しわに　なった　おりがみの　にんぎょうを、ていねいに　さすりました。

おんなのこは、もじもじ　して　かなえを　みつめ、それから　とても　小《ちい》さな　こえで　いいました。

「あそびに　いこう――」

かなえは　うなずいて、にこっと　わらいました。

（つつい　よりこ「とん　ことり」）

(1) 「あの　おと」とは、どんな　おとですか。かきましょう。（20てん）

［　　　　］

(2) 「かなえ」が、とても　いそいで　いる　ようすが　わかる　文に、――を　ひきましょう。（15てん）

たいせつ

(3) 「みんな　あたしに？」と　ありますが、かなえは、どんな　ものを　もらいましたか。（15てん）

［　　　　］

(4) (3)の　ほかに、おんなのこは　なにを　くれましたか。（15てん）

［　　　　］

(5) もじもじ　して　いた、おんなのこは、かなえに　なんと　いいましたか。（15てん）

［　　　　］

(6) 「かなえ」の　うれしい　気《き》もちが　わかる　文を　かきましょう。（20てん）

［　　　　］

23 かんがえて よむ

学習のねらい
考えて読むとは、文章が伝えようとしていることがらについて、どんな事実や例、また理由や根拠を示しているかを、順序立てて、整理しながら読むということです。

月　日

こたえ⬇べっさつ15ページ

ステップ1

1 つぎの 文《ぶん》しょうを よんで、もんだいに こたえましょう。

はだしで あるくのは きもちが いいね。でも、石《いし》を ふんだり、つまさきを ぶつけたり するかもしれません。水《みず》で ぬれた みちは つめたいし、すべる ことも あります。それで、くつを はいて 足《あし》を まもるのです。

　くつは 足を おおう ところと、ぎざぎざの ついた くつぞこを くっつけて つくられて います。くつぞこを よく 見《み》ると、ほそい みぞ、まるい つぶつぶ、小《ちい》さな しかくなど、いろいろな かたちの ぎざぎざが ついて います。この ぎざぎざが じめんに くいこむので、すべらないのです。ぎざぎざは ふんばる ときに 足を しっかりと ささえて くれるのです。

　くつぞこの まえの ほうに ある みぞは、あるく とき、くつを まがりやすく する

ために　あります。

きゅうに　とまったり、足を　ふんばったり、むきを　かえたり　する　ときに　すべらないのは　くつの　うらに　□　が　あるから　です。

（ももき　いちろう「くつの　うらは　ぎざぎざ」）

(1)「それで」と　おなじ　はたらきの　ことばを　つぎから　えらんで、きごうで　こたえましょう。

ア　けれども　**イ**　すると　〔　　〕

ウ　だから　**エ**　また

(2)　くつぞこには、どんな　かたちの　ぎざぎざが　ついて　いますか。三《みっ》つ　かきましょう。

〔　　〕

〔　　〕〔　　〕

(3)　くつを　はいて　あるくと、すべらないのは、なぜですか。〔　〕に　あてはまる　ことばを　かきましょう。

くつぞこの〔　　〕が、じめんに〔　　〕から。

(4)「くつぞこの　まえの　ほうに　ある　みぞ」は、なんの　ために　ありますか。

〔　　〕

(5)　文中《ぶんちゅう》の　□　に　あてはまる　ことばを　四字《よじ》で　かきましょう。

□□□□

ステップ2

月　日

じかん 25ふん　ごうかく 80てん

とくてん　　てん

こたえ⬇べっさつ15ページ

シール

1 つぎの 文《ぶん》しょうを よんで、もんだいに こたえましょう。

おかあさんすずめが たまごを あたためはじめてから 二《に》しゅうかんほど たつと、たまごが われて 中《なか》から ひなが 出《で》てきました。

ひなたちは さっそく えさを ねだるので、おやすずめは おおいそがし。えさを とっては、なんども ひなに もっていきます。ひなたちは、それを せっせと たべます。

おやすずめは、町中《まちなか》に ある はたけや こうえんで 草《くさ》の たねを とったり、虫《むし》を つかまえたり して、ひなに あたえます。すずめが こそだてを する はるから なつには たくさんの 虫が いるので、ひなが どんなに えさを ねだっても だいじょうぶです。

はるから なつに かけて、すずめが えさを くわえて いるのを 見《み》かけたら、こっそり おいかけて、よーく 耳《みみ》を すまして みましょう。しゃりしゃりと いう 音《おと》が きこえて きたら、それは すずめのひなのこえです。ちかくにすずめのすがあって、ひなたちが、おなかがすいたとないているのです。

（みかみ　おさむ「まちで　くらす　とり　すずめ」）

(1) 「おやすずめは　おおいそがし」と　ありますが、どうして　いそがしいのですか。（15てん）

〔　　　　　〕

(2) 「それ」とは、なにを　さして　いますか。二字《にじ》で　かきましょう。（15てん）

□□

(3) すずめの　たべる　えさには、どんな　ものが　ありますか。二《ふた》つ　かきましょう。（20てん／一つ10てん）

〔　　　　　〕〔　　　　　〕

(4) すずめが　こそだてを　するのは、いつごろの　きせつですか。（20てん）

〔　　　　　〕から〔　　　　　〕

(5) 「しゃりしゃり」と　いうのは、なにですか。（10てん）

〔　　　　　〕

たいせつ

(6) この　文しょうは、なにに　ついて　かいて　いますか。つぎから　えらんで、きごうで　こたえましょう。（20てん）

ア　すずめの　すづくり
イ　すずめの　こそだて
ウ　すずめの　すだち

〔　　　　　〕

月　日

こたえ↓べっさつ15ページ

じかん 25ふん
ごうかく 70てん

とくてん　てん

シール

1 つぎの 文《ぶん》しょうを よんで、もんだいに こたえましょう。

《おほしさまも こおりついたような さむい よる。すみやきの じんぺいさんは、山《やま》の 中《なか》で きしゃを 見《み》ました。そして、きしゃに のって いた おおくの どうぶつたちと みんなで あそびました。》

　じんぺいさんは、しばらく、①じぶんの 目《め》を こすったり、あたまを たたいたり して いました。林《はやし》は、やっぱり 一《いち》めんの ②ゆきあかりで、どの 木《き》も みんな、わたぼうしを かぶって います。そして、山の どうぶつたちは、ふゆの あいだ ずっと、あなの 中で ねむって いる はずなのです。子《こ》ぐまも、子うさぎも、子ぎつねも、こんな ゆきの よるに 出《で》てくる わけが ありません。

　じんぺいさんは、③きゅうに あたまを たたいて、にっこりしました。

「そうだ、ゆめの きしゃに ちがいない。」

　そうです。あの きしゃは、きっと、ゆめの きしゃだったのです。ゆきの ふりつもった、山おくの あなの 中で、子ぐまや、子りすや、子じかたちの 見た ゆめが、はしって きたのです。

　なんて たのしい、はるの ゆめだったでしょう。じんぺいさんは、④にこにこしながら、ゆきを ふみわけ ふみわけ、とおくに 見える いえの

あかりの　ほうへ、おりて　いきました。
（きど　のりこ「ゆめの　きしゃ」）

(1) ——①と　ありますが、じんぺいさんが　そう　した　わけを　つぎから　えらんで、きごうで　こたえましょう。（25てん）
〔　　〕
ア 山の　中で　気《き》を　うしないそうに　なったから。
イ 目の　まえの　ことが　どう　いうことなのかを　かんがえたから。
ウ あたまが　いたく　なって　なおそうと　したから。

(2) ——②「ゆきあかり」の　いみを　つぎから　えらんで、きごうで　こたえましょう。（25てん）
〔　　〕
ア ゆきで　うすあかるく　なる　こと。
イ ゆきで　うすぐらく　なる　こと。
ウ ゆきで　まっくらに　なる　こと。

(3) ——③と　ありますが、じんぺいさんは、この　とき　なにかに　気が　ついたようです。それは、どんなことですか。（25てん）
〔　　〕

(4) ——④と　ありますが、じんぺいさんの　気もちを　つぎから　えらんで、きごうで　こたえましょう。（25てん）
〔　　〕
ア 山で　どうぶつたちに　だまされたので、はずかしい。
イ はるの　ゆめが　たのしかった。
ウ いえへ　かえれるので、ほっとした。

そうふくしゅうテスト①

月　日

こたえ⬇べっさつ16ページ

じかん 25ふん　ごうかく 80てん

とくてん　てん

シール

1 □に かん字《じ》を かきましょう。（32てん／一つ4てん）

(1) □《くさ》むらで □《むし》が ないて いる。

(2) □《ゆう》がたに □《あか》ちゃんを だっこして、そとに 出《で》た。

(3) むこうから □《くるま》が くる。

(4) □《あお》い □《そら》に □《しろ》い くも。

2 つぎの 文《ぶん》の 中《なか》で、まちがって いる 字に ×を つけ、よこに 正《ただ》しく かきなおしましょう。（20てん／一つ2てん）

(1) はたしわ、おとおさんお むかへ に えきえ いった。

(2) にはに あさがをが さいた。

(3) ぼおしが かぜで とばされて、いけに をちて しまった。

3 〔　〕に あてはまる ことばを、□から えらんで かきましょう。（20てん／一つ4てん）

(1) 水《みず》が　こぼれる〔　　　〕いっぱいです。

(2) くるしく〔　　　〕がんばろう。

(3) もう　これ〔　　　〕ありません。

(4) 雨《あめ》が　つよく　なった〔　　　〕、しあいは　ちゅうしに　なった。

(5) あす〔　　　〕、まって　います。

ほど・まで・しか・ので・ても

4 つぎの　文しょうに　。(まる)を　三《みっ》つ、(てん)を　三つ　「　」(かぎ)を　一《ひと》つ　つけて、あとの　ますに　かきましょう。(28てん)

早《はや》くいこうよおくれちゃうよとぼくはあきらくんにいってはしっていきました

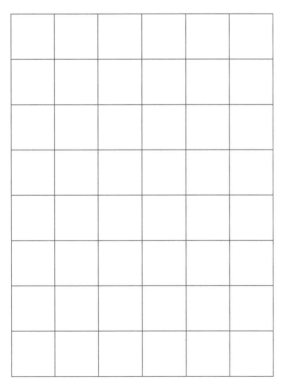

そうふくしゅうテスト②

月　日

こたえ⬇べっさつ16ページ

じかん25ふん　ごうかく80てん

とくてん　　てん

シール

1 つぎの 文《ぶん》しょうを よんで、もんだいに こたえましょう。

イルカは うみの 中《なか》で、くらして いますが、りくで くらして いる イヌや ゾウなどの どうぶつの なかまです。①その しょうこに、イルカは 水《みず》の 中では いきが できません。ときどき すいめんに 出《で》てきて、いきを します。

クジラも イルカの なかまです。すいめんで 大《おお》きく 水を ふきあげて いるのを しゃしんなどで、見《み》た ことが ありませんか。②あれは、クジラが いきを はいた ときに、まわりの 水が、いっしょに ふきとばされる ために おこるのです。

そして、イルカも クジラも おやと おなじ すがたで うまれて きて、おかあさんの おっぱいを のんで 大きく なります。さかなには、おっぱいは ありません。

（ひさみち けんぞう「かがくなぜどうして 一年生」）

(1) ——①「その しょうこ」の「その」は、なにを さしますか。つぎから えらんで、きごうで

こたえましょう。（15てん）

ア　うみで　くらして　いる

イ　りくで　くらして　いる

ウ　どうぶつの　なかまで　ある

〔　　〕

(2)　――②「あれ」とは、なにを　さして　いますか。（20てん）

〔　　〕

(3)　つぎの　中から、この　文しょうの　ないようと　あう　ものを　二《ふた》つ　えらんで、きごうで　こたえましょう。（30てん／一つ15てん）

〔　・　〕

ア　イルカは　水の　中で　いきが　できる。

イ　クジラも　どうぶつの　なかまで　ある。

ウ　イルカは　おかあさんの　おっぱいを　のんで、大きく　なる。

エ　イルカや　クジラは　さかなの　なかまで　ある。

2　つぎの　文の　中から　かざりことばを　さがし、よこに　――を　ひきましょう。（35てん／一つ7てん）

(1)　白《しろ》い　貝《かい》がらが　おちて　います。

(2)　おかあさんが　ぞうきんを　ぬいました。

(3)　ながい　でん車《しゃ》が　とおります。

(4)　大きな　ねこが　ねて　います。

(5)　すずしい　かぜが　ふいて　きました。

そうふくしゅうテスト③

月　日

じかん 35ふん
ごうかく 70てん

とくてん　　てん

こたえ⬇べっさつ16ページ

シール

1 つぎの 文《ぶん》しょうを よんで、もんだいに こたえましょう。

日《にち》よう日《び》、ぼくは 田《た》んぼへ べんとうを もって いきました。おとうさんは、田うえきで なえを うえて いました。なえは、まっすぐに ならんで いました。あとで、ぼくも 田うえきに のせて もらいました。

(1) この 文しょうは、いつの できごとを かいた ものですか。（5てん）

［　　　　］

(2) べんとうを もって いったのは だれですか。（5てん）

［　　　　］

(3) 田うえきで なえを うえたのは、だれですか。（5てん）

［　　　　］

(4) なえは、どのように うえられて いましたか。（6てん）

［　　　　］

(5) ぼくは あとで、どう しましたか。（6てん）

［　　　　］

2 つぎの ひらがなの ことばを、かたかなに なおしましょう。（12てん／一つ2てん）

(1) すかあと……［　］
(2) どっじぼおる［　］
(3) ぷうる……［　］
(4) とらっく……［　］
(5) きゃんぷ……［　］
(6) じゅうす……［　］

---

3 やじるしの ところは なんばん めに かきますか。（10てん／一つ2てん）

ネ（　）　ザ（　）　メ（　）　タ（　）　ヲ（　）

4 つぎの かん字《じ》の ひつじゅんを かきましょう。（15てん／一つ3てん）

(1) 出……［① 丨 ② ㄐ ③ ④ ⑤］
(2) 早……［① ② ③ ④ ⑤ ⑥］
(3) 糸……［① ② ③ ④ ⑤ ⑥］
(4) 男……［① ② ③ ④ ⑤ ⑥ ⑦］
(5) 学……［① ② ③ ④ ⑤ ⑥ ⑦ ⑧］

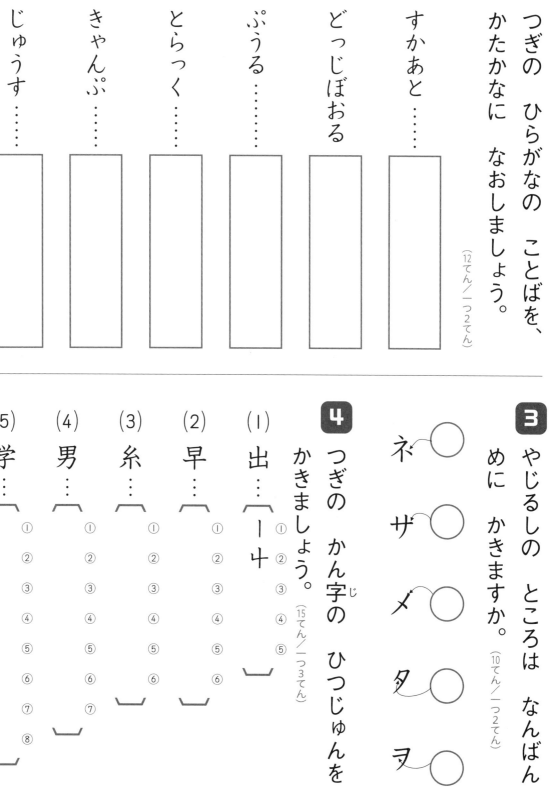

5 つぎの　ことばの　はんたいの　ことばを　かきましょう。（8てん／一つ2てん）

(1) たかい　〔　　〕

(2) とおい　〔　　〕

(3) あかるい　〔　　〕

(4) 右《みぎ》　〔　　〕

6 上《うえ》の　ことばと　かんけいの　ある　ことばを、――で　むすびましょう。（8てん／一つ2てん）

(1) 雨《あめ》　・　　・そよそよ

(2) ほし・　　・もくもく

(3) かぜ・　　・きらきら

(4) けむり・　　・しとしと

---

7 ――の　かん字《じ》の　よみかたを　かきましょう。（20てん／一つ4てん）

(1) あれから　〔　　〕五日　たちました。

(2) かぞえて　〔　　〕六日目《め》に　たまごの　からが　われました。

(3) いもうとは、〔　　〕二日かん　ねむりつづけました。

(4) 〔　　〕九日まで　でかけます。

(5) れんしゅうを　〔　　〕三日ぼうずで　やめて　しまいました。

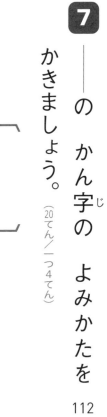

こたえ

小1 標準問題集 国語

おうちの方へ

この解答編では、おうちの方向けに「アドバイス」、「ここに注意」として、学習のポイントや注意点などを載せています。答え合わせのほかに、問題に取り組むお子さまへの説明やアドバイスの参考としてお使いください。本書を活用していただくことでお子さまの学習意欲を高め、より理解が深まることを願っています。

1 ひらがなを よむ ①

2〜3ページ

ステップ1

1
あり
あひる
えほん
えき
うみ

2 な・ぬ・ち・り
3 略
4 も・け・お・よ

アドバイス

1 絵をヒントにして、ひらがなが読めるように練習します。

2 形のよく似たひらがなを、間違えないように選びます。

3 「あいうえお」のうたです。リズムをつけて、読みましょう。

4 文の意味を考えて、形の似た字をしっかり区別できるようにしましょう。

ステップ2

4〜5ページ

1 とら・つめ・こま
2 (○を つける もの)(1)右 (2)右
3 (1)とまと (2)きりん (3)たこ (4)きつね
4 (1)い (2)ろ
5 えんぴつ—(つくし)—しまうま—(まり)—りんご—(ごりら)
6 えが(お)・はや(お)き・あさが(お)・(お)かあさん・と(お)い・(お)うさま
7 (つ)みき・しい(た)け・(た)いこ・あか(と)んぼ・(て)ぶくろ・おも(ち)
8 (1)ふうせ~~く~~ (2)おにぎ~~い~~ (3)~~き~~かあがり (4)すな~~お~~そび (5)~~な~~かしばなし

アドバイス

1 声に出して読むようにします。

2 発音と表記が一致するように注意しましょう。

3 絵を見て発音し、それがひらがなの言葉と合うように、線で結びます。

4 あいさつの言葉です。発音と実際に書くひらがなとを一致させるようにします。

5 順序を間違えないようにしましょう。

7 それぞれ、た行のひらがなを見つけます。

8 発音と実際に書くひらがなとの不一致を見つけます。(1)ふうせく→ふうせん、(2)おにぎい→おにぎり、(3)きかあがり→さかあがり、(4)すなおそび→すなあそび、(5)なかしばなし→むかしばなし。

ここに注意 はじめのうち、形の似ているひらがなは区別しにくく、そのため書き方も間違えやすいので注意します。

2 ひらがなを よむ ②

6〜7ページ

ステップ1

1 (1)う・へ (2)つ・わ (3)こ
2 略

ひっぱると、はずして使えます。

3 (1)けんかん・かいたん
(2)ゆうひんきょく・てかみ
(3)はっは・たきひ
(4)たいくさん・のぼって
(5)そうきんがけ・ひかひかに
4 (○を　つける　もの)(1)左　(2)中

アドバイス
2 言葉遊びの一種です。
3 濁音・半濁音を含む言葉に注意しましょう。
4 区切られた字の意味を考えましょう。

ステップ2　8～9ページ

1 (○を　つける　もの)(1)右　(2)左
(3)右　(4)左　(5)左
2 かぎ・ざる・すずめ・かば
3 (1)ぼく・かっこう・してんしゃ
(2)よそら・ひかっと・なにかか
4 かに―(3)・くつ―(4)・すみれ―(1)・
うさぎ―(2)
5 (1)どびだす・あふない
(2)おとろさん・きかな
(3)ほく・もらっだ
(4)しゃぼんだも・あろんだ

アドバイス
2 一字一字に濁音の「゛」をつけてみましょう。つけられないひらがながあることにも気づきます。
4 よく似たひらがなを読む場合は、一字一字正確に発音します。
5 一字一字確認しながら発音すると、間違っている字にも気づきます。(1)どびだす→とびだす・あふない→あぶない、(2)おとろさん→おとうさん・きかな→さかな、(3)ほく→ぼく・もらっだ→もらった、(4)しゃぼんだも→しゃぼんだま・あろんだ→あそんだです。

3 ひらがなを　かく ①

ステップ1　10～11ページ

1 (1)や　(2)か　(3)む
2 (1)かさ・かめら・かみなり
(2)つめきり・まつり(おどり)・くり
(3)はちまき・はんこ・はち
(4)つき・ほうき・きつつき
3 いめ―いぬ・れに―わに・わこ―ねこ・めめ―あめ・かぬ―かめ・あい―あり・はを―はと・しくし―つくし・にこ―たこ・うん―うし
4 (○を　つける　もの)ふ―左・せ―右・な―右・ま―左・た―右・さ―左

アドバイス
1 言葉のつながりを考えながら、あてはまる字をきちんと書くようにします。
2 一つの文字に続くように、言葉を考えていく言葉遊びの一種です。
3 「め」と「ぬ」のようなよく似たひらがなを区別していきます。ほかに「わ」と「れ」と「ね」、「く」と「し」と「つ」、などがよく似ています。
4 ひらがなの筆順で注意するのは、最初の一筆目です。注意しながら練習しましょう。

ステップ2　12～13ページ

1 (1)くま　(2)みのむし　(3)たいやき
2 (れい)(1)(みずを)　のむ
(2)(とりが)　とぶ
(3)(くるまが)　はしる
3 (れい)「あ」―あひる・あし
「か」―からす・かさ
4 (れい)あめ・まつ・のり・こま
5 (れい)(1)めだか　(2)ねこ
(3)えんとつ　(4)すいか　(5)らっぱ
6 (1)の　(2)よ　(3)ん　(4)る　(5)は
7 は―3・や―1・た―3・ほ―3・
い―2・さ―2・も―1

アドバイス
2 ますの数から考えます。ほかの言葉でも意味が通じていれば、かまいません。
3 たくさん言葉集めをして書くと、言葉と字、ともに興味をもつようになります。

4 自由に組み合わせて、たくさん言葉を作りましょう。

5 しりとり遊びと同様、声に出しながら言葉を考えましょう。

6 できあがった文を読んで、その場面を思い浮かべてみましょう。

7 実際に、丁寧に字を書いてみましょう。

ここに注意 「も」は「ま」と似ていますが、筆順は違います。

4 ひらがなを かく ②

ステップ1 14～15ページ

1 が—3・も—2・ぬ—1・ぱ—4・じ—3・む—1・き—2・と—1・だ—3・を—3・ゆ—2・ご—2

2 かじ・すず・なべ・ねぎ・こぶ・まど

3 ぐ・じ・ぜ・で・ぶ・ぼ・ぱ・ぷ

4 略

5 略

アドバイス

1 「も」は「し」の画から書きます。濁音の「゛」は、内側から打ちます。

2 濁音のひらがなの練習です。濁点を打つのと打たないのとでは、言葉が違ってくることを知っておくことも大事です。たとえば「かじ」は火事で、「かし」は菓子のことになります。

4 書き間違えやすいひらがなの練習です。筆順にも気をつけて書きます。

ステップ2 16～17ページ

1 おちば・おりがみ・めだか・ぞうきん・いちご・みかづき・うなぎ・ぼうし・じしん・はなぢ

2 ぞう・はしご・でんわ・おにぎり・ながぐつ・かぶとむし

3 (れい)えんぴつ—つくえ—えき—きつね—ねんど—どんぐり—りんご—ごりら—らくだ—だんご—ごま—まち—ちくわ—わに—にじ

4 はな・すず・たき・しか・びん・さる・やま・とら

アドバイス

1 「はなぢ」は「はなじ」と、間違わないようにします。

3 「しりとり遊び」は、言葉を増やす言葉遊びの一種です。問題の形式にとらわれず、できるだけ多くの言葉を思い浮かべるようにしましょう。たとえば「つ」では「つみき」「つち」「つる」などがあります。

4 鏡文字の例です。「は」や「す」は間違えやすい字です。「ん」は形を整えて書くようにします。

ステップ3 1～4 18～19ページ

1 き—2・は—3・や—2・も—1・う—2・せ—3・な—3・を—2・ふ—4

2 (れい)ねこ、ねずみ(ねぎ)

3 (1)ず・ど (2)ぞ・ぎ (3)び・べ (4)づ・で (5)が・ぶ (6)ざ・ぼ

4 (1)す (2)め (3)せ (4)け (5)ち (6)か

5 (1)ど・び (2)じど (3)げ (4)ぽ (5)ぽ・ぽ (6)ご・べ

アドバイス

1 ゆっくり字を書いてみましょう。「や」の筆順は、「つゃや」となるので注意しましょう。

2 動物、植物など、的をしぼって探すやり方もあります。

3 濁音になる清音の行は、「か」「さ」「た」「は」の行です。

4 一字のひらがなで、いろいろな意味が表せることを知るのも、言葉を増やすことにつながります。「す」はほかに鳥の巣、三角州などがあります。「せ」は背中の意味です。

5 のばす おんの かきかた

ステップ1 20〜21ページ

1 (1)れいぞうこ (2)こおり
(3)おばあさん

2 (1)おとうさん (2)いもうと・こうえん
(3)おおきな・ぞう (4)こおろぎ
(5)とお

3 (1)おねえさん・ねえ (2)せんせい
(3)けいじばん (4)おはよう

4 う・い・う・お・い・い

アドバイス

1 「オー」と発音するものは「う」をそえる場合と、「お」をそえる場合を区別します。

2 「おとうさん」「いもうと」などのように、「オー」とのばす音はふつう「う」をそえて書きます。ただし、例外として「お」をそえて書くものがあります。「こおり」「おおきい」「こおろぎ」「とお」などです。

3 「おねえさん」「ねえ」のように、「エー」とのばす音は「え」をそえて書きます。ただし、「せんせい」「けいじばん」「とけい」「ていねい」などは「い」をそえて書くので、注意しましょう。

4 「とけい」は「とけえ」と間違えないようにしましょう。「えいが」も「エー」と発音しますが、「ええが」ではなく、「えいが」と書きます。

ここに注意 オ列の音をのばすときは、「う」をつけますが、次のような例外もあるので、まとめて覚えるようにします。
おおかみ・こおり・こおろぎ・ほお・とおる・おおい・おおきい・とおい、など。

ステップ2 22〜23ページ

1 (1)かきごおり
(2)こうそくどうろ
(3)おねえさんの ぼうし
(4)ほうきで おそうじ
(5)ぼうぼう もえる たきび

2 (えと むすぶ ことば)(1)おとうさん
(2)おにいさん (3)ぎゅうにゅう

3 (1)とおい (2)おはよう (3)かれい
(4)おうむ (5)おおかみ (6)とうだい
(7)おとうと (8)ていねい (9)あそぼう
(10)こうじ (11)へい (12)とけい
(13)せんせい (14)えいが (15)はっぴょう

アドバイス

1 「かきごおり」は、「こおり」と同じく、「お」をそえて書きます。ただし、あとの「どうろ」「ぼうし」「ほうき」などは「お」ではなく、「う」をそえます。

2 (1)オ列は「う」、(2)・(3)イ・ウ列はその母音を書くという原則に従って表記します。

3 (7)「おとうと」は「おとおと」と誤りやすいので、注意します。

6 ちいさく かく じ

ステップ1 24〜25ページ

1 っ・ゃ・ゃ・ょ・ゅ

2 (1)っ (2)つ (3)つ (4)っ (5)っ

3 (○を つける もの)(1)左 (2)左
(3)左

4 (1)おちゃ (2)きっぷ
(3)きゅうきゅうしゃ
(4)しょうぼうしゃ (5)きんぎょ
(6)りょこう (7)びょうき
(8)もっきん (9)くしゃみ
(10)ひゃっかてん

アドバイス

1 まず、促音《そくおん》と拗音《ようおん》にはどのようなものがあり、それぞれどのように発音し、表記するのかを確認します。

2 (3)促音は言葉のはじまりには用いないことを注意します。

3 「いしや(石屋)」も考えられますが、絵から、「いしゃ(医者)」となります。お姉さんの行き先も「びょういん(病院)」と「びよういん(美容院)」が考えられますが、ここでは「美容院」となります。お父さんの職業も「りようし（理容師）」と「りょうし（漁師）」が考えられますが、ここでは、「漁師」となります。

4 拗音の場合は、二つのひらがなで、一音に発音することに、感覚的に慣れましょう。

ステップ2　26～27ページ

1 (1)くじゃく　(2)きゅうり　(3)だちょう　(4)でんしゃ

2 (1)きゅうしょく　(2)ちゅうしゃ　(3)がっこう　(4)こんにゃく　(5)しょっき

3 (1)ゃ　(2)っ　(3)ゅ　(4)っ　(5)ょ

4 (1)いつしよに→っ、ょ・かけつこを→っ　(2)なかよく→ょ・すわつて→っ　(3)きようしつに→ょ　(4)どつこいしよと→っ、ょ・ひつぱる→っ　(5)せつけんで→っ　(6)べんきようを→ょ

アドバイス

1 絵とますの数を手がかりにして、考えましょう。

2 声に出して読み、小さく書くところをしっかり意識しましょう。

3 書いたあとに、声に出して読んでみましょう。

4 「や・ゆ・よ・つ」に注意しながら、書かれてあるとおりに読んで、どこがおかしいか考えましょう。

7 「は」「へ」「を」

ステップ1　28～29ページ

1 (1)へ・を　(2)は　(3)を

2 (1)はっしゃした。　(2)のりこんだ。　(3)みおくった。

3 (1)わたしわ→は・をかしお→お、を　(2)ゆうえんちえ→へ　(3)ひまはりの→わ・みずお→を　(4)ほんお→を、ほんやさんえ→へ

4 (1)×　(2)×　(3)×　(4)〇　(5)×　(6)〇

アドバイス

1 書いたあと、もう一度読んでみましょう。

2 「でんしゃは」は、でんしゃがどうしたかを考えます。「でんしゃへ」・「でんしゃを」は、だれかがしたことを考えます。

3 ほとんどの言葉は発音どおりに書きます。ただし、「ワ」「エ」「オ」と発音するもののうち、他の語にくっつくもの（助詞）は、「は」「へ」「を」と書くことに注意しましょう。

4 一文だけでなく出題された他の文と比べることによっても、使い方の違いがわかります。

ステップ2　30～31ページ

1 (1)は・を・へ　(2)わ・お・を　(3)を・お

2 (1)お・を　(2)お・を

3 (1)は・わ　(2)わ・は

4 (1)へ・え　(2)へ・え

5 (1)×　(2)〇　(3)×　(4)×

6 (1)あさがをの→お　(2)すいえいお→を

アドバイス

1 名詞や動詞などの言葉の一部か、それらをつなぐ言葉（助詞）なのかを判別します。

5 **2** 言葉のはじめには、「を」は使いません。「ワ」「エ」「オ」と発音する字に印をつけて、使い方を調べると、わかりやすくなります。

ここに注意 「はな」のように、「は」が言葉のはじめにくると、**そのままの発音になります。**

ステップ3 （5～7）　32～33ページ

1 （〇を　つける　もの）(1)左　(2)右　(3)右　(4)右

2 (1)あひるの　あかちゃん　(2)おおだんほどうお　わたります。　(3)おはよおございます。

3 (1)は　(2)を　(3)へ

4 (1)きゆうに→ゅ・くもつて→っ
(2)はつぱを→っ
(3)ろおかに→う・をちて→お

5 (1)は・へ　(2)わ・は・へ・え・を

6 は・を・へ・は

アドバイス

1 (3)漢字で書くと、「三つ」で、「みっつ」が正しいかなづかいとなります。

3 「は」「へ」「を」をそれぞれ入れて、合うものを見つけましょう。

5 「かわへ」「へやへ」は方向を表していて、「エ」と発音しますが、「へ」と表記します。

ここに注意 「ワ」「エ」「オ」と発音するもののうち、言葉の一部である「わ」「え」「お」と、助詞の「は」「へ」「を」をしっかり区別できるようにしましょう。

8 かんじを　よむ

ステップ1　34〜35ページ

1 (1)さん　(2)ご　(3)きゅう　(4)じゅう

2 (1)艹—化(花)　(2)田—丁(町)
(3)ナ—ェ(左)　(4)木—交(校)
(5)気—メ(気)　(6)日—十(早)

3 (1)おお・いし　(2)て　(3)くさ
(4)め・いぬ　(5)あか　(6)なか・い

4 (1)みず・すい　(2)かね・きん
(3)がつ・つき　(4)い・せい
(5)あし・た

アドバイス

1 漢字の最初の学習として、漢数字の読み方を出題しています。漢数字は、読み方がそれぞれ二つ以上あるので注意します。

2 漢字の読みとあわせて、漢字の組み立てにも気づくための問題です。それぞれの部分を実際に組み合わせて、書いてみるようにします。

4 漢字には、複数の読み方を持つものが多くあることを、言葉遊びの形で学べるようにしています。(1)「水」は「みず」が訓読みで、「すい」が音読みになります。(2)〜(4)も同じです。(5)「足」は「あし」も「た(す)」も訓読みです。これらの区別は上の学年でさらに学習することになりますが、ここでは読み方が一つではないことに気づくようにしましょう。

ステップ2　36〜37ページ

1 (1)くち　(2)はや　(3)なな(しち)　(4)き

2 (1)いちねんせい　(2)あお・みずたま
(3)がっこう・やす

3 (1)てんき　(2)おう　(3)しょうがつ
(4)せんせい　(5)たけ

4 (1)(あ)しゃ　(い)くるま　(2)(あ)そら　(い)あ
(3)(あ)した　(い)さ

5 (1)糸・手　(2)森　(3)耳　(4)字
(5)花・土

アドバイス

2 具体的な文の中で、漢字がどのように用いられているのかに注意します。

3 (2)・(4)の漢字については、読み方の表記に気をつけましょう。「王さま」は「おお(さま)」ではなく「おう(さま)」、「先生」は「せんせえ」ではなく「せんせい」と書きます。

4 一つの漢字について、複数ある読み方を確実に覚えましょう。

5 わかるところから漢字をあてはめていきましょう。(　)の前後の言葉に関係のある漢字を探しましょう。

9 かんじを　かく

ステップ1　38〜39ページ

1 (1)金　(2)赤　(3)玉　(4)年

2 (1)耳　(2)虫　(3)雨　(4)花火　(5)先

3 (1)休む　(2)立つ　(3)小さな
(4)生きる　(5)出す　(6)正しい

4 (1)木　(2)田　(3)学　(4)入

アドバイス

1 (1)「金」の左半分が見えています。
(3)「、」をたよりに考えます。

2 (1)「耳」の筆順や字の形に注意しましょう。

3 漢字と送りがなの問題です。どこから送るかに注意します。「休む」を「やすまない」「やすもう」などと読んで、変わらない部分があることにも気づきましょう。

4 形のよく似た漢字を集めています。きちんと覚えるようにしましょう。

ステップ 2　40～41ページ

1 (1)五・子犬　(2)カ　(3)白・貝

2 (1)夕日　(2)青空　(3)天気　(4)百円

3 (1)大きな　(2)生まれる　(3)見える　(4)早く

4 (1)森・村　(2)出口　(3)草　(4)川・水

5 (1)右　(2)下　(3)女　(4)足

アドバイス

2 これらの漢字については、熟語として覚えておきましょう。

3 漢字と送りがなを正しく書けるようにします。「生まれる」「見える」などは送りがなを間違えやすいので注意しましょう。

5 対《つい》になる漢字として、合わせて覚えておきましょう。

10 かんじの できかたと ひつじゅん

ステップ 1　42～43ページ

1 (1)月　(2)山　(3)川　(4)木

2 (1)火　(2)貝　(3)手　(4)犬　(5)竹

3 (1)三かい　(2)五かい　(3)四かい　(4)二かい　(5)六かい

4 (1)(一 丅 下)𠀎 正
(2)ノ 𠂉 ケ 𥫗 ⺮ 竹
(3)一 十 廾 艹 芢 芲 花
(4)一 丆 冂 帀 雨 雨 雨 雨

5 (1)七・人　(2)上・口　(3)日・文　(4)四・生　(5)糸・百　(6)男・車

アドバイス

1 象形文字は、漢字のルーツを知る意味では大事です。これから増えていく学習漢字全体からすれば、あまり多くはありませんが、漢字を覚えていく手がかりとしてしっかり学習しておきましょう。

2 1と同様に、いずれも象形文字の漢字です。

3 折れや、つながっている部分に気をつけましょう。

4 1、2と数えながら、丁寧に書いていきましょう。

5 折れを含む字については、一画と数える箇所を確かめましょう。「日・四・口」などの二画目がそれにあたります。

ステップ 2　44～45ページ

1 (○を つける もの)(1)右　(2)左　(3)左　(4)右　(5)左

2 円―4　王―2　左―1　足―6　空―7

3 (1)亅 オ 才 水　(2)一 丆 丆 百 百 百　(3)丿 刀 月 月

4 (1)―㋔　(2)―㋑　(3)―㋐　(4)―㋒　(5)―㋓

5 (1)3　(2)7　(3)6　(4)7　(5)8　(6)8

6 (1)三かい　(2)四かい　(3)五かい　(4)八かい　(5)七かい　(6)六かい

アドバイス

1 「赤」のように中と左右がある場合は、中を先に書きます。「年」や「車」のように中心を貫く縦画がある場合は、それを最後に書きます。

2 「左」は横画を先に書き、次に左はらいを書きます。

4 わかったものから先に線で結びましょう。説明にあてはまるかどうか考えながら漢字を書いてみましょう。

5 (6)の「子」の部分は三画で書きます。

ここに注意　「水」「小」などは、先に真ん中を書きますが、「中」「車」などは、いちばん最後に縦画を書きます。

8〜10 ステップ3 46〜47ページ

1 (1)おとこ・ひと・おんな・こ (2)がっこう・せんせい (3)むし・み (4)おお・あ

2 (1)とし・ねん (2)くるま・しゃ (3)き・こ・もく・ぼく(この うちの 二つ) (4)つき・げつ・がつ(この うちの 二つ)

3 (1)花・百本 (2)川・音 (3)糸・出

4 (1)木—寸(村) (2)宀—子(字) (3)艹—早(草) (4)龶—月(青) (5)ノ—十(千)

5 子—3 気—5 天—2 竹—4

6 (○を つける もの)(1)左 (2)右 (3)右

7 (1)ノ 𠂉 ⺧ 牛 生 (2)一 丅 下 巨 耳

アドバイス

2 それぞれの漢字を使った言葉をいくつか考えましょう。

4 わかるものから組み合わせて書きましょう。

5 画数を数えながらそれぞれの漢字を書きましょう。

6 「右」の一画目が、「左」の一画目と異なることに注意しましょう。

11 かたかなを かく

ステップ1 48〜49ページ

1 る—ル し—シ ら—ラ ぬ—ヌ み—ミ

2 バナナ・ヨット・フライパン

3 (○を つける もの)(1)左 (2)右 (3)右 (4)右

4 (1)カメラ (2)テレビ (3)タクシー (4)コップ

5 (1)(ごろごろ)→ゴロゴロ (2)さいれん→サイレン (3)はあもにか→ハーモニカ (4)ごりら→ゴリラ

アドバイス

2 かたかなの濁音・半濁音や促音《そくおん》(小さい「ッ」)の書き方に気をつけます。

3 (1)「ツ」は左から書きます。(4)「メ」は長いほうの画から書きます。

4 「ナ」と「メ」、「チ」と「テ」、「ク」と「タ」、「コ」と「ユ」などは、間違えやすいかたかなです。丁寧に書くようにします。

5 (1)「ごろごろ」は物音を表している言葉です。(2)「さいれん」と(3)「はあもにか」は外来語です。これらはかたかなで表記します。また、ここで長音の表記として用いられている「あ」は、かたかな書きでは「ー」で書き表します。

ステップ2 50〜51ページ

1 シーソー・スリッパ・ビスケット

2 (1)アメリカ (2)テーブル (3)ボート (4)アイスクリーム

3 オ—2 テ—2 ケ—2 ナ—1 モ—3

4 (1)カーカー (2)コツコツ (3)ヒヒーン (4)ゲロゲロ

5 (1)たいや→タイヤ・ごむ→ゴム (2)ぼおる→ボール・がらす→ガラス (3)ぷりん→プリン・はんばあぐ→ハンバーグ

アドバイス

1 いずれも外来語なので、かたかなで表記します。

2 (2)・(3)・(4)長音のかたかな表記に注意します。「テエブル」・「ボオト」・「アイスクリイム」と書かないようにします。

4 物音や動物の鳴き声は、かたかなで書きます。

5 外来語をそれぞれ二つずつ見つけましょう。

ここに注意 「シ」(し)・「ソ」(そ)・「ツ」(つ)の点の打ち方やはらいの方向に注意し、それぞれの違いをはっきり区別して書くようにしましょう。

12 （、）（。）（「 」）の つかいかた

ステップ1 52～53ページ

1 (1) きのう〔、〕ぼくは〔、〕本を 二さつ かいました〔。〕
(2) せの たかい〔、〕白い ひげの おじさんが〔、〕立って いました〔。〕
(3) たたいて みたり〔、〕おして みたり しましたが〔、〕びくとも しません〔。〕

2 (1) (れい) ねえさんの いった ことば
(2) 「ようい、どん。」

3
　きのう、ぼく
は、こうえんに
いきました。す
べりだいで、あ
そびました。
　かえるとき、
犬においかけら
れました。こわ
かったです。

4
　ちえみさんが、
「いっしょに学校
へいこう。」
といって、さそっ
てくれました。

アドバイス

1 句点は文の終わりにつけます。読点は意味の切れ目につけます。
2 「 」は、会話部分につけます。
3 まず、文の終わりに句点をつけたあと、読点をつけてみましょう。
4 全文を一字一字間違えないように写しましょう。ちえみさんが言った言葉に「 」をつけます。

ステップ2 54～55ページ

1 (1) よく います。・よいからです。
(2) あそんだ。
(3) 見つけました。・見つけました。

2 (1) きょうは、 (2) それから、 (3) すいたので、 (4) なると、 (5) 先生が、

3 (1) 「にいちゃあん。」
(2) 「ありがとう。たすかったわ。」
(3) 「おかあさん。ぼく、ともだちのいえへ いって くる。」
(4) 「うん、いいよ。」
(5) 「やった、やった。」

アドバイス

1 文の終わりを見つけましょう。
2 文中の意味の切れ目に読点をつけましょう。
3 声に出して読むと、わかりやすいです。

13 ことばの つながり

ステップ1 56～57ページ

1 (1) のむ (2) のる (3) みる (4) たべる (5) ける

2 (1) けれども (2) なぜなら (3) だから (4) そして

3 (1) から(で) (2) まで(へ・に) (3) を (4) を・まで(へ・に)

4 (1) ウ (2) ア (3) エ

アドバイス

1 「ジュースを」の「を」や、「車に」の「に」に注目し、続く言葉を選びます。
2 前の文とあとの文をつなぐ働きをしている言葉を探します。
4 (1) 「それで」は、前の文に続いて、次にどうなったかを表す文がきます。(2) 「しかし」は、次に反対の内容を表す文がきます。(3) 「また」は、前の文に対して、次に同列の内容を表す文がきます。

ステップ2 58～59ページ

1 (1) ひく (2) あげる (3) まわす (4) あう

2 (1) うすぐらく なって きた。 (2) よが あけた。 (3) かさを さそう。 (4) ひと休み。 (5) かぜが つよい。

3 (1)と(や)　(2)と(や)

4 (1)ば　(2)と　(3)ても　(4)だり　(5)が
(6)から

5 (1)あるいは　(2)でも　(3)そして

アドバイス

1 日本語は、発音が同じでも意味の異なる言葉が多いことに気づきましょう。

4 それぞれの文を最後までしっかり読み、(　)の前の部分とあとの部分とのつながりを考えて、言葉を入れていきましょう。

5 言葉や文が、どこでつながっているか見つけましょう。

14 ていねいな　いいかた

ステップ1　60〜61ページ

1 (1)イ　(2)ア　(3)イ　(4)イ

2 (1)きました　(2)もらいました
(3)しましょう　(4)いきました
(5)おちゃを

3 (1)おはようございます。
(2)しゅくだいは　もう　やりました。
(3)ねこが　います。

4 (1)イ　(2)イ

5 (1)おきょうしつに→きょうしつに
(2)ありがとう→ありがとうございます

アドバイス

2 丁寧な言い方は、「です」「ます」などをつけます。(2)「もらった」は「もらいました」となります。(3)「しよう」は「しましょう」とすると丁寧な言い方になります。

3 (1)挨拶《あいさつ》の丁寧な言い方を覚えましょう。

4 丁寧に言おうとして、むやみに「お」をつけると、かえっておかしなことになります。

ステップ2　62〜63ページ

1 (1)ア　(2)イ　(3)イ

2 (1)かきます　(2)たべます　(3)きます

3 (1)ウ　(2)ウ

4 (1)ぼくは、ちゃんと　手を　あらいました。
(2)ぼくは　一年生です。
(3)ろうかは　しずかに　あるきなさい(あるきましょう)。
(4)えんそくで、くりひろいに　いきました。

5 (1)①ア　②イ
(2)①イ　②ア

アドバイス

1 「する」「した」より、「します」「しました」のように、「ます」のついたほうが丁寧です。(1)「よまれました」は、先生の動作なので、尊敬語になっています。丁寧語は「よみました」となります。

2 単に「ます」をつけるだけではなく、上の言葉がどう変わるかも考えましょう。

ここに注意
5 (1)「いらっしゃる」は、相手を敬う言い方(尊敬語)です。(2)「いただく」は、自分をへりくだる言い方(謙譲語)です。まず、——の行為がだれのものなのか、おさえるようにします。

ステップ3　11〜14　64〜65ページ

1 (1)ノート　(2)ドーナツ
(3)パイナップル　(4)シャワー
(5)チョコレート　(6)ロボット

2 (1)が　(2)ので　(3)と　(4)ば

3
　みやこにつく
と、とのさまの
うちへいきまし
た。
「ごめんくださ
い。」
みんなは、びっ
くりしました。

4 (1)いらっしゃいました→いました
(2)おっしゃいました→いいました
(3)かえられました→かえりました
(4)されました→しました

アドバイス

1 のばす音の表記に注意します。

2 最後までしっかり読み、（　）のあとの部分が表している意味の変化に合わせて言葉を選びましょう。

3 「ごめんください」のあとの句点を忘れないようにしましょう。

4 自分や自分の身内のことを言うときは、尊敬語を使わないのが普通です。

15 ことばあつめ

ステップ1　66～67ページ

1 (1)えんぴつ・ノート・きょうかしょ
(2)ほうちょう・まないた・なべ
(3)ラケット・とびばこ・ボール

2 はしる・ける・うたう・なげる

3 (1)きらきら　(2)ぶかぶか　(3)ころころ
(4)ふわふわ

4 (1)ながい　(2)おもい　(3)おそい
(4)せまい　(5)かなしい　(6)たかい

アドバイス

3 選択肢の擬態語がどんな状態を表しているのかを考えます。

4 いずれも形容詞です。反対語も合わせて覚えておきましょう。

ステップ2　68～69ページ

1 (1)ふでばこ　(2)まど
(3)ゆび　(4)もも

2 もつ・にぎる・たたく・はこぶ・なげる

3 (1)きけん　(2)きた　(3)すてる
(4)おちつく

4 (1)花　(2)かお・せっけん　(3)ちょう

5 (1)ぴょんぴょん　(2)ふわふわ
(3)ゆらゆら　(4)ぽかぽか
(5)にょろにょろ

6 (れい)きる・たべる・はなす

7 (1)つみき・ゆき・すずめ・くま
(2)さむい・たかい・こわい・とおい
((1)・(2)は逆でも可)

8 (れい)(1)あさ　あった　とき。
(2)ごはんなどを　たべる　まえ。
(3)いえに　かえった　とき。

アドバイス

1 (1)身に着けるものかどうか、(3)体のどこにあるか考えましょう。

2 それぞれの言葉が表す動作を思い浮かべてみましょう。

7 物の名前を表す言葉（名詞）と性質や状態を表す言葉（形容詞）とに分けます。

8 生活をふり返り、どんなときに用いているかを考えましょう。

16 かざりことば

ステップ1　70～71ページ

1 (1)こおり　(2)や　(3)山

2 (1)わらう　(2)こぼす　(3)ねむる
(4)ゆれる　(5)ふるえる

3 (1)とつぜん　(2)ていねいに
(3)いっしょに　(4)いっせいに
(5)めらめらと

4 (1)森が　(2)ひどい　(3)見つめました
(4)しずみます

アドバイス

2 下の動詞を修飾するのによく用いられる表現として、覚えておくようにしましょう。

4 ――を引いてあるかざり言葉は、あとに続く言葉を説明しています。あとに続く言葉と一つずつつなげて、考えましょう。

ステップ2　72～73ページ

1 さっと

2 (1)たいよう　(2)かぜ　(3)りんご

3 (1)あたたかい　(2)ひろい　(3)赤い
(4)ぐっと　(5)もくもく

4 (1)まっ白な　(2)きいろい　(3)きゅうに
(4)大きな

5 (1)けった　(2)たべた　(3)とびあがった

(4)手だ

アドバイス

2 下の名詞を詳しく説明するとき、┣のどの言葉がふさわしいのかを考えます。

3 それぞれ、あとに続く言葉を詳しく説明しています。関係のある言葉を見つけましょう。

4 どんなシャツ、どんな花というように、具体的に想像する手がかりとなる言葉を見つけましょう。

ここに注意 かざり言葉は、ほかの言葉を詳しくしている言葉なので、それを取ると簡単な文になります。

17 こそあどことば

ステップ1 74〜75ページ

1 (1)その (2)あの (3)どの

2 (1)かん字の かきとり (2)マフラー (3)赤い ふくろ

3 (1)ここ (2)どちら (3)あの

4 (1)イ (2)イ (3)ア

アドバイス

1 (1)・(2)「この」は自分に近いものを、「その」は相手に近いものを、「あの」は自分からも相手からも遠いものを指しています。(3)「どの」は指し示すものがはっきりしない場合に使います。

2 (3)赤いふくろを指し示して、「これ」と言っています。

3 (1)もののあるところ(場所)を指す言葉です。遠くを指すときは→「あそこ」、すぐ近くを指すときは→「ここ」というように覚えておきましょう。

4 こそあど言葉は、いろいろなものの代わりになります。

ステップ2 76〜77ページ

1 (1)あの (2)これ・あそこ (3)ここ (4)あっち・こっち (5)そこ

2 (1)あの (2)あれ(こっち) (3)こっち (4)どこ

3 その・どの

4 (1)ア (2)ウ (3)イ

アドバイス

1 話をしている人や相手の人、ものの位置関係を考えながら読みましょう。

2 自分や相手から遠くにあるもの、自分が呼びよせる場所、わからないときの言い方など、改めて普段の言葉づかいをふり返りましょう。

3 少し長い文章からも見つける練習をしましょう。

15〜17 ステップ3 78〜79ページ

1 (1)すいすい (2)きらきら (3)ドンドン (4)わいわい

2 (1)大きく (2)するすると (3)ゴツンと (4)きゅうに

3 (1)なの花ばたけ (2)あっち・こっち

4 (1)耳・手 (2)青・白 (3)字・本 (4)立・見 (5)犬・虫

アドバイス

1 「どのように・どんな」にあたる言葉を見つけましょう。

2 ――の前にある、「どのように」にあたる言葉を探しましょう。

3 (1)こそあど言葉は、前のほうの文や言葉を指すことが多いことを理解します。答えがわかったら、その言葉(ここでは「なの花ばたけ」)を入れてみて、意味が通るかどうか、確かめるようにしましょう。(2)「こっち・そっち・あっち・どっち」は、方向を指す言葉です。

4 (3)「べんきょう」は、そのとき書かれる「字」や使われる「本」を仲間と考えます。(4)「どうさ」は、「立」「見」に送りがなをつけて、「立つ」「見る」のようにすると、仲間の漢字であることがよくわかります。

18 せいかつ文を　よむ

ステップ1　80〜81ページ

1 (1)おとうさん
(2)(れい)花火を　見る　ため。
(3)花火

2 (1)さんぱつ
(2)にいさん
(3)「あいたた。もっと　ゆっくり。」
(4)わたし(と)　ねえさん
(5)十五ふん

アドバイス

1 (2)「みんな空を見上げて、花火がうち上げられるのをまっていました。」という文をヒントに考えます。

2 (5)お母さんの言葉から、散髪が終わったことを読み取ります。

ステップ2　82〜83ページ

1 (1)たなばたまつりの　まえの　日
(2)まり(ちゃん)
(3)ピアノが　じょうずに　なりたい。せかい一しゅうが　したい。
(4)きょうしつ
(5)赤いろ(の　たんざく)
(6)先生
(7)ささに　つけた。
(8)早く　ねがいごとが　かなうと　いいのにな。

アドバイス

1 作者がどこで何をしているか、話はだれとしているかを考えながら読むようにしましょう。

19 しを　よむ

ステップ1　84〜85ページ

1 (1)ぼく　(2)かいじゅう　(3)ウ

2 (1)・あかくにじんで
・ビリビリしびれて
(2)・イタイノイタイノトンデイケー
・コンナノゼンゼンヘーキダイ
(3)とってもとっても　いたかった

アドバイス

1 (3)三つ目のまとまり(「連《れん》」という)に注目します。「大きいあし」「のっしのっし」「まがったつめ」という言葉から、大きな「かいじゅう」(恐竜のようなもの)が想像されます。だから、「ガオーッツ　ガオーッ」は、かいじゅうのほえる声です。ここは、大きな声で読むとおもしろくなります。

2 (1)この詩は二つのまとまり(連)からできていて、どちらにも似たような表現があることに注意します。「あかくにじんで」「ビリビリしびれて」という言葉で、いたさが具体的に表現されていることに気づきます。(2)かたかなで書かれている「イタイノ…」「コンナノ…」に注目します。(3)「とってもとっても　いたかった」と、「とっても」を繰り返して強調しています。

ここに注意 詩の中で、1行空きを入れて区切られたまとまりを連といいます。この連と連のつながりに気をつけて、詩の組み立てや内容をとらえるようにしましょう。

ステップ2　86〜87ページ

1 (1)六(つ)　(2)ウ
(3)もぐもぐ・ぱくぱく
(4)(はじめに)うめぼし
(つぎに)しおざけ
(5)たらこ・おかか　(6)6(ばんめ)

アドバイス

1 (1)詩の中の1行空いているところに注目します。全体で六つのまとまり(連)からなっています。詩を読む場合、連と連のつながりを考えることはとても重要です。(3)「もぐもぐ」「ぱくぱく」は擬態語です。詩では、擬声語とともによく使われます。(4)・(5)いずれも詩の言葉どおり「うめぼしさん」「しおざけくん」、「たらこちゃん」「おかかちゃん」と答えていても正解です。

20 手がみ・にっきを よむ

ステップ1 88～89ページ

❶ (1)八月　四日　土よう日
(2)リフト
(3)はじめて　リフトに　のったから。
(4)かぞく(と)　こうげん(へ)　ハイキング(に　いった。)

❷ (1)ひさし(が)　こうじくん(に)
(2)(ひさしの)　おかあさん
(3)(れい)ひろばで　たこあげを　しよう。
(4)土(よう日の)　三(じ　ごろ)　ひろば(へ)

アドバイス
❶「いつ・どこで・だれが・どうした」かをおさえながら、読みましょう。
❷「返事の手紙」であることに気をつけて読みましょう。どの言葉で、返事の手紙だとわかるかを考えましょう。

ステップ2 90～91ページ

❶ (1)十一月　十五日　月よう日
(2)こうえん(へ)　おちばひろい(にいった。)
(3)もみじ(と)　いちょう
(4)(れい)いちょうの　はが、たくさんおちて　いる　ようす。

❷ (1)かおる
(2)(れい)うみで　およいだ。
(ボートに　のって)　さかなを　つった。
(3)日よう日に　むかえに　きて　ください。

アドバイス
❶順を追って、「どこで、何をした」かをおさえながら、読みましょう。
❷どんな用件を知らせたかったかを考えながら読むようにしましょう。

ここに注意
❶(4)「じゅうたんのように」は、たとえです。「ひろがって」と合わせて、イメージを言葉で表しましょう。

21 せつめい文を よむ

ステップ1 92～93ページ

❶ (1)大きい
(2)・大きな　目　・大きな　はね
(3)イ　(4)(れい)えものを　つかまえる(のに)　(5)①エ　②イ

アドバイス
❶おにやんまの体の特徴について説明した文章です。どんな順序で説明されているかに注意します。(1)初めは、どんなとんぼかという説明。(2)次から、おにやんまとは、おにやんまの「大きな目」と「大きなはね」について詳しく説明されていることをつかみましょう。(3)つなぎ言葉(接続語)の問題です。前後の文のつながり方を考えましょう。ここでは、前の文が原因・理由を述べ、あとの文がその当然の結果を述べていることに注意して、ぴったりと合うものをえらびましょう。

ステップ2 94～95ページ

❶ (1)かげふみ・かくれんぼ
(2)かくれた・かくれます・見つかった・おに・目・かず
(ばんごう)3・2・4・1
(3)天気の　よい　日

アドバイス
❶「おにごっこ」「かくれんぼ」「かげふみ」の順に、遊び方の説明をしています。(2)「かくれんぼ」の説明をした箇所をよく読みます。そのときに、「まず」「やがて」などの順序を表す言葉に注意します。

22 ものがたりを　よむ

ステップ1　96～97ページ

1 (1)いぬ・ねこ・ひよこ・こおろぎ　(2)なかまに　(3)けらいなんて、ぼく　いやだ！　(4)イ　(5)それなら、みんな、ともだちに　なったら……。

アドバイス

1 どんな登場人物が出てきて、どんなことを言ったかをつかみましょう。(1)「いぬ」と「たろう」の会話が多いですが、あとのほうになると、「ねこも　いいました。」「ひよこも　こおろぎも　いいました。」とあります。(2)・(3)話した言葉にはかぎ（「　」）がついています。その前後の言葉に注意して、だれが、どんなことを言っているかをつかみます。

ステップ2　98～99ページ

1 (1)とん　ことり　(2)かなえは、大きな　こえで　さけんで、げんかんに　とび出しました。　(3)すみれ・たんぽぽ・てがみ　(4)おりがみの　にんぎょう　(5)あそびに　いこう　(6)かなえは　うなずいて、にこっと　わらいました。

アドバイス

1 場面の様子と、登場人物のしたことや気持ちを読み取りましょう。(1)すぐ前の「とん　ことり」を指しています。(2)「とび出しました」という行動から、とても急いでいる様子がわかります。(3)・(4)「すみれ・たんぽぽ・てがみ」のほかに、「おりがみの　にんぎょう」を落とさないようにしましょう。(6)「うなずいて、にこっと　わらいました」から、かなえの、ともだちができたうれしさが読み取れます。

23 かんがえて　よむ

ステップ1　100～101ページ

1 (1)ウ　(2)ほそい　みぞ・まるい　つぶつぶ・小さな　しかく　(3)ぎざぎざ・くいこむ　(4)あるく　とき、くつを　まがりやすく　する　ため。　(5)ぎざぎざ

アドバイス

1 ふだん気にしていない「くつぞこの　ぎざぎざ」について説明した文章です。わけを述べる「それで」や「～ので」などに注意して、ぎざぎざの大事な働きを読み取りましょう。(2)二つ目のまとまりの「くつぞこを　よく　見ると」のあとの文を丁寧に読み取ります。(3)わけを述べる言い方「～ので」に注目しましょう。(4)問いは「なんのために　ありますか。」なので、答えは「～ため。」とします。(5)何について説明した文章かを考えながら、大事な言葉を探します。

ステップ2　102～103ページ

1 (1)ひなたちが　さっそく　えさを　ねだるから。　(2)えさ　(3)草の　たね・虫　(4)はる(から)　なつ　(5)すずめの　ひなの　こえ　(6)イ

アドバイス

1 (2)「それ」が、前の文のどの言葉を指しているかを考えましょう。(5)同じ文のあとに「それは　すずめの　ひなの　こえです。」とあります。(6)この文章は、どんなことを中心に述べているかを考えます。また、三つ目のまとまりに「すずめが　こそだてを　する」とあるのにも注目しましょう。

18～23　ステップ3　104～105ページ

1 (1)イ　(2)ア　(3)(じんぺいさんが　見たのは、)ゆめの　きしゃだと　いう　こと。　(4)イ

アドバイス

1 炭焼きのおじいさんが、深い山の中で幻想にとらわれるお話です。その幻想は春を待つ動物たちの夢だったことが、「ゆめのきしゃ」という言葉からわかります。(4)「にこにこしながら」には、そんな動物たちの夢を共有した、おじいさんの楽しい気持ちが表現されています。

そうふくしゅうテスト① 106～107ページ

1 (1)草・虫 (2)夕・赤 (3)車
(4)青・空・白

2 (1)はたしわ↓わ、は・おとおさんお↓う、を・むかへに↓え・えきえ↓へ
(2)にはに↓わ・あさがを↓お
(3)ぼおしが↓う・をちて↓お

3 (1)ほど (2)ても (3)しか (4)ので
(5)まで

4
「早くいこうよ。
おくれちゃうよ。」
と、ぼくは、あき
らくんにいって、
はしっていきまし
た。

アドバイス

1 画数の少ない漢字も、筆順や字の形に注意して、丁寧に書きましょう。特に(2)の「赤」や(3)の「車」の筆順に気をつけます。

2 動詞や名詞などの言葉の一部か、それらの言葉をつなぐ言葉（助詞）かを、見分けましょう。また、のばす音の書き方にも注意します。

3 適切な助詞を入れる問題です。（　）の前後の関係や係り方を吟味しましょう。

4 はじめから会話文が出てきます。「　」の書き方に気をつけながら、正しく写しましょう。

そうふくしゅうテスト② 108～109ページ

1 (1)ウ (2)すいめんで 大きく 水を ふきあげて いる こと。
(3)イ・ウ

2 (1)白い (2)ぞうきんを (3)ながい
(4)大きな (5)すずしい

アドバイス

1 (1)・(2)どちらもこそあど言葉の問題です。前の文のどの部分を指しているかに注意します。(3)文章を丁寧に読んで、答えましょう。選択肢の**エ**は、イルカやクジラは「さかなのなかま」ではないので、注意します。

そうふくしゅうテスト③ 110～112ページ

1 (1)日よう日 (2)ぼく (3)おとうさん
(4)まっすぐに ならんで
(5)田うえきに のせて もらった。

2 (1)スカート (2)ドッジボール
(3)プール (4)トラック
(5)キャンプ (6)ジュース

3 ネ―4 サ―1 メ―1 タ―3
ヲ―2

4 (1)(丨十)屮出出 (2)丨冂日日旦早
(3)く幺幺糸糸糸 (4)丨冂冊田田男男
(5)、⺍⺍⺍学学学

5 (1)ひくい (2)ちかい (3)くらい
(4)左

6 (1)しとしと (2)きらきら (3)そよそよ
(4)もくもく

7 (1)いつか (2)むいか (3)ふつか
(4)ここのか (5)みっか

アドバイス

1 (4)田植え機で植えたことによって、苗がどのように植えられたのかを読み取ります。

7 漢数字の特別な読み方について学習します。ここに挙げた以外で、一桁の読み方についても覚えるようにしましょう。